# 수프림 오페라

KB193084

# 차례 Contents

* 수프림(Supreme)이란 '최고의, 최상의'라는 의미다.

# 오페라에 대하여

오페라에는 대사, 노래, 음악, 배우, 춤, 무대, 관객, 대본 등 거의 모든 공연예술 요소가 포함되어 있다. 말 그대로 '토털 패키지'다. 그래서인지 오페라를 좋아하는 사람들에게는 '하나에 집중하지 못하는 성향을 지녔다'고 말하기도 한다. 이 말은 그만큼 오페라가 다양한 관객층을 끌어모을 수도 있다는 의미기도 하다. 한 공연 안에 여러 흥미로운 요소들을 포함한 만큼, 오페라는 각각의 취향을 가진 관객에게 매력적으로 작용될 수 있는 것이다.

오페라를 제대로 연출하려면, 문화 예술과 역사에 대한 지식, 음악 분석력, 감성, 세련된 감각까지 갖추고 있어야 한다.

그렇기에 연출가나 감독의 입장에서 오페라를 연출하는 것은 참으로 영광스러운 일이다. 연출가의 종합적인 능력을 인정받는 것이나 다름없기 때문이다. 하지만 안타깝게도 국내에서 활동하는 오페라 전문 연출가는 손에 꼽을 정도로 소수다. 종종 연극 또는 다른 장르의 업종에 종사하던 연출가가 오페라 연출을 맡는 경우가 있는데, 이럴 때에 작품에 대한 이해도 부족으로 인해 가수와 오케스트라, 동선 등을 고려하지 않는 경우도 있다. 물론 예상치 못한 신선함이 발생할 때도 있기는 하다.

오페라는 아름다운 장르다. 인간이 낼 수 있는 소리 중 가장 정제되고 세련된 소리를 내는 가수들이 최고로 조화로운 오케스트라에 맞추어 노래하고 연기한다. 게다가 무대 장치와 분장, 뛰어난 연출이 함께한다.

그러나 다채로운 매력과 가치에도 불구하고 오페라는 보편화된 공연예술은 아니다. 오페라는 '상류층을 위한 폐쇄적인 문화' '어려운 고전예술'이라는 선입견이 있다. 그래서인지 오페라에 관심은 있지만 다가서지 못하는 관객들이 많다. 그렇다면 오페라를 좀 더 편하게 즐길 수 있는 방법은 없을까?

이 책에서는 오페라를 감상할 때 필요한 상식과 주요 오페라 열다섯 편을 소개함으로써 오페라에 대한 쉬운 접근을 돕고자 한다. 이 책에서 다루는 오페라는 대중적으로 잘 알려지고, 현재도 자주 공연되는 작품들이다. 수많은 오페라 작품 중 단 몇 편을 고른다는 것은 쉽지 않은 작업이었다. 선정되지 못한 작품들에 대한 아쉬움이 크지만 향후에 더 소개할 기회가 생기길 바라는 마음이다. 이 책을 읽고 관련된 영상물을 감상한 후 공연을 관람한다면, 오페라에 대한 거리감이 사라질 것이다.

## 간략한 오페라사

초기 오페라는 16세기 말경 이탈리아에서 시작된 것으로 전해진다. 피렌체의 귀족 예술 애호가 모임인 '카메라타'의 회원이었던 페리(Jacopo Peri, 1561~1633)는 〈다프네(Dafne)〉를 만들었는데, 이것이 오페라의 시초였다. 하지만 〈다프네〉는 대부분 사라졌고 이후에 만들어진 〈에우리디체(Euridice)〉는 작품 전체가 남아 있다.

형식을 갖춘 최초의 오페라 작품이라고 생각되는 것은 몬테베르디의 〈오르페오(L'Orfeo)〉다. 학자들은 각자의 판단 기준에 따라 〈다프네〉 〈에우리디체〉 〈오르페오〉 중 하나를 최초의 오페라로 꼽는다.

17세기로 들어서면서 오페라는 이탈리아에서 가장 사랑받는 형식의 공연 예술이 되었고 이후 유럽 각지로 빠르게 전파

되었다.

프랑스 오페라는 륄리(Jean Baptiste Lully)를 중심으로 발전하였다. 18세기에는 모차르트가 역작을 남겼고, 19세기에는 그랜드 오페라라고 불리는 웅장한 오페라들이 유행하기 시작했다. 그 후 베르디, 바그너, 푸치니 같은 작곡가의 손에서 현재까지 우리 곁에 남아 있는 명 오페라들이 탄생한다.

### 오페라 관련 장르

#### 오라토리오(Oratorio)

17세기부터 시작된 대규모의 종교 음악이다. 대표적인 작품으로는 헨델의 〈메시아〉를 꼽을 수 있다. 종교 음악답게 성경에 근간을 두고 만들어졌으며 합창에 비중을 둔다. 베를리오스(Louis Hector Berlioz), 리스트(Franz Liszt) 등이 뛰어난 오라토리오를 남겼다.

#### 오페레타(Operetta)

규모가 작은 오페라로 경가극으로도 불린다. 대사와 노래, 무용 등이 섞인 형식이다. 20세기 초부터 미국의 뮤지컬에 큰 영향을 미쳤다.

### 징슈필(Singspiel)

독일의 민속 음악극이라고 생각하면 된다. 희극적인 내용을 포함하고 있는데, 초기에는 독일 희가극이라고 불렸으나 이후 징슈필로 통칭된다. 모차르트는 뛰어난 징슈필을 많이 남긴 것으로 유명하다.

### 벨칸토 오페라(Bel Canto Opera)

18세기 말 무렵부터 이탈리아를 중심으로 유행한 오페라 장르다. 드라마의 서사적인 내용보다는 아름다운 노래와 음악에 치중한 오페라로 뛰어난 기량의 가수들이 필요하다.

### 오페라 세리아(Opera Seria)

정가극이라고도 불리며 오페라 부파의 반대되는 개념으로 사용된다. 주로 그리스로마 신화의 인물들이 등장하고 형식적이고 딱딱한 면이 있다.

### 오페라 부파(Opera Buffa)

18세기경 등장한 오페라 장르로 오페라 세리아의 반대되는 개념으로 사용되었다. 희극적인 요소를 갖추고 있으며 대중적이다. 경가극이라고도 불린다.

### 오페라 코미크(Opera Comique)

18세기 말경 프랑스에 등장한 오페라의 형식. 그랜드 오페라의 상대적 개념으로 사용되며 오페라 부파의 영향을 받았다. 초기에는 코믹한 내용이 들어 있는 오페라의 개념이었으나, 이후 점점 발전하여 대사가 있는 오페라라는 개념으로 사용되기도 한다.

### 그랜드 오페라(Grand Opera, 그랑 오페라)

화려하고 웅장한 오페라의 한 양식이다. 프랑스에서는 19세기 초부터 대유행한 것으로 알려져 있는데, 아리아뿐 아니라 합창과 발레, 무대 위의 스펙터클을 중시하여 대규모로 완성된 오페라를 통칭한다.

오랜 역사를 증명이라도 하듯 오페라는 관련된 장르가 많고, 현재도 기존의 형식을 부수며 새로운 형태의 오페라를 창조하기 위해 고군분투하는 음악가들과 작가들이 많다. 그렇기에 앞으로도 오페라의 발전적인 변형은 지속될 것으로 예상된다.

# 초기 오페라, 몬테베르디의 〈오르페오〉

그리스로마 신화를 읽어본 이라면 누구든 오르페우스(Orpheus)를 알 것이다. 음악가면서 시인인 그는 예술가로 묘사된 신화 속 캐릭터다. 오르페우스는 뱀에 물려 죽은 아내 에우리디케(Eurydice)를 찾아 지하세계(저승)까지 내려가는 순정파다. 하지만 각고의 노력 끝에 아내를 되찾은 기쁨도 잠시, 저승의 신 하데스(Hades)와의 약속을 어김으로써 아내와 영원히 이별하게 된다. 오르페우스의 지고지순한 사랑과 지하세계의 죽음이 맞물려 에로스와 타나토스의 상관관계를 표면화한 이 작품은 초기 오페라로서 역사적으로도 중요한 의의를 가진다.

## 오르페오(L' Orfeo)
### 초연 1607년 / 구성 서막과 5막

작곡가 몬테베르디(Claudio Monteverdi, 1567~1643)는 '오페라의 시조'로 불린다. 몬테베르디는 만토바 왕실에 의해 모인 음악가 그룹의 후기 주자였다. 문화적인 발전이 일어나고 있던 만토바 왕가는 실력파 음악가 몬테베르디가 활동하기에 이상적인 환경을 제공하고 있었다.

〈오르페오〉는 최초의 오페라로 취급된다. 물론 〈오르페오〉 이전에도 음악극의 형태를 띤 공연이 존재했다. 하지만 오페라를 구성하는 여러 요소를 포함하여 완전한 형태를 갖춘 작품으로는 〈오르페오〉가 최초라고 전해진다.

### 등장인물

오르페오 (Orfeo, 테너) : 목동이면서 음악가다.

에우리디체(Euridice, 소프라노)[1] : 오르페오의 아내다.

라 무지카 (La Musica, 소프라노) : 의인화된 음악이다.

실비아(Sylvia, 소프라노) : 에우리디체를 수행하는 자다.

라 스페란차(La Speranza, 소프라노) : 지옥에서 오르페우스를 호위하는 자다.

플루토네(Plutone, 베이스) : 지하세계의 신이다.

프로세르피나(Proserpina, 메조소프라노) : 플루토네의 왕비다.

카론테(Caronte, 베이스) : 죽음의 강 스틱스(Styx)를 건너게 해주는 뱃사공이다.

### 줄거리

〈오르페오〉의 줄거리를 이해하기 위해서는 우선 그리스로마 신화 속에 등장하는 오르페우스 신화를 알 필요가 있다. '오르페우스'는 음악과 시에 천재적인 재능을 가진 예술가고 목동이기도 하다. 아폴로에게 배운 리라(또는 류트) 솜씨는 전설적이라 할 만큼 대단한 수준이다.

그런 오르페오의 사랑을 받은 여인이 '에우리디케'다. 그러나 청천벽력 같은 일이 벌어진다. 에우리디케가 뱀에게 물려 죽은 것이다. 오르페우스는 에우리디케를 되살리기 위해 지하세계로 내려간다. 천신만고 끝에 아내를 되찾은 오르페우스. 하지만 지하세계의 신 하데스는 한 가지 제안을 한다. 지상에 도착할 때까지 뒤를 돌아보지 않는다는 조건을 붙인 것이다. 앞서 걷는 오르페우스와 뒤를 따라 걷는 에우리디케. 그러나 불안한 마음을 다스리지 못한 오르페우스는 뒤돌아보고, 그 순간 에우리디케는 지하세계로 되돌려진다. 상심한 오르페우스는 자신을 따르는 수많은 여성을 무시하며 원한을 사게 되어 갈가리 찢겨 죽음을 맞이한다. 그의 리라는 하늘로 올라가 성좌가 된다. 이것이 신화 속 오르페우스의 모습이다. 그렇다면 오페라 〈오르페오〉는 어떠할까?

〈오르페오〉의 줄거리는 신화에서 크게 벗어나지 않는다. 오페라는 주인공 오르페오를 아폴로(Apollo)의 아들로 설정하고 주인공의 특징을 잘 살려 풍성한 음악을 선보인다. 예를 들어 오르페오(오르페우스)가 에우리디체(에우리디케)를 구하기 위해 지하세계로 내려가는 과정에서 노래를 불러 신들을 설득하거나 잠재운다. 또한 의인화된 음악 '라 무지카', 희망 '라 스페란차' 등이 캐릭터화되어 등장한다.

하지만 결말은 신화와는 차이가 있다. 에우리디체를 잃고 비탄에 잠기는 오르페오는 에우리디체를 제외한 여자들을 비난하는 분노의 노래를 부른다. 아들의 상태를 염려한 아폴로는 아들을 데리고 천상으로 올라간다.

### 음악

이 오페라는 바로크 초기 음악 형식인 모노디(monody)[2]와 르네상스 음악 형식이 어우러져 있다. 주요 아리아로는 2막의 '꽃 피어 있는 들판에서', 3막의 '죽음 앞의 그대', 5막의 '노래하며 천상으로'가 있다.

### 필수 감상 장면

〈오르페오〉를 비롯하여 오르페우스를 다루는 공연물에서 최고의 스펙터클은 오르페우스가 지하세계로 내려가는 과정이다. 말 그대로 지상세계와 지하세계를 무대 위에 재연하는 연출이 있는가 하면, 평면적인 구성으로 참신함을 더하는 연출도 있다.

### 체크 포인트

음악적 감성을 불러일으키는 소재인 오르페우스 신화를 오페라 형식으로 무대에 올린 것이 몬테베르디뿐만은 아니다. 글룩(Christoph Willibald Gluck, 1714~1787)의 〈오르페오와 에우리디체(Orfeo Ed Euridice)〉, 오펜바흐(Jacques Offenbach)의 오페레타 〈지옥의 오르페오(Orphée Aux Enfers)〉 등이 있다.

### 추천 영상물

디트리히 헨셸(Dietrich Henschel)이 오르페오를, 마리아 그라치아 시아보(Maria Grazia Schiavo)가 에우리디체, 프로세르피나, 라 무지카를 부른 2014년 판 레알 마드리드 실황을 권한다. 400여 년 전의 왕실 무대를 재현한 것으로도 유명한 이 판본은 윌리엄 크리스티(William Christie)가 지휘했다. 평론가들이 단연 최고로 꼽는 판본이기도 하다.

그 이전 판본 중에서 가장 좋은 판본으로 꼽히는 것은 존 마크 에인슬리(John Mark Ainsley)가 오르페오를, 후아니타 라스카로(Juanita Lascarro)가 에우리디체를, 데이비드 코디어(David Cordier)가 라 무지카를 부른 1997년 네덜란드 오페라 실황이다. 오르페오를 맡은 에인슬리의 청명한 목소리와 독특한 분장이 돋보인 공연으로, 현재 공연되는 〈오르페오〉 영상물과 비교해도 손색이 없을 만큼 뛰어난 연출력이 돋보이는 작품이다.

# 밤의 여왕과 왕자의 대결, 모차르트의 〈마술피리〉

여기, 마녀에게 잡혀간 아름다운 공주가 있다. 그리고 공주를 구하려고 길을 떠나는 왕자도 있다. 동화처럼 시작되는 〈마술피리〉는 누구에게나 어필할 수 있는 매력적인 스토리로 관객을 끌어들인다.

**마술피리(Die Zauberflöte, The Magic Flute)**
**초연 1791년 / 구성 2막**

모차르트(Wolfgang Amadeus Mozart, 1756~1791)는 설명이 필요 없는 음악가다. 4세 때 피아노를 배우고 5세 때 소곡을, 8세

때는 교향곡을 작곡했다. 모차르트의 아버지는 아들의 뛰어난 음악적 재능을 선전하기 위해 여행을 했다. 그리고 모차르트는 여행지에서 받은 영감을 음악으로 쓰곤 했다. 오페라 작품으로는 〈이도메네오(Idomeneo)〉〈후궁탈출(Die entführung aus dem serial)〉〈코지 판 투테(Cosi fan Tutte)〉 등을 작곡하여 히트했다.

〈마술피리〉의 장르는 징슈필이다. 징슈필은 독일의 민속음악극으로, 민속 연극에 많은 음악이 삽입되었다고 생각하면 된다. 〈마술피리〉에는 다양한 스타일의 음악이 담겨 있으므로 주연 배우들은 각자의 장기를 살려서 노래할 수 있다.

〈마술피리〉는 모차르트가 일반 대중을 위해 작곡한 오페라인 것으로도 유명하다. 다양한 구성으로 재미를 더하고 동화적 요소가 가미되어 있으며, 프리메이슨(Freemason)[3]적 상징으로 가득 찬 흥미로운 작품이다.

### 등장인물

자라스트로(Sarastro, 베이스) : 신비주의의 왕, 낮의 세계를 다스리며 정의로 간주된다.

밤의 여왕(The Queen of the Night, 소프라노) : 파미나의 어머니로 어둠의 여왕. 남편이 죽으면서 권력을 자라스트로에게 넘기고 간 것에 분노한 상태다.

타미노(Tamino, 테너) : 왕자. 파파게노의 도움으로 파미나 공주를 구하러 떠난다.

파미나(Pamina, 소프라노) : 밤의 여왕의 딸이다. 타미노 왕자
와 사랑하는 사이지만 사랑을 이루기 위해 시련을 통과해야
만 한다.

파파게노(Papageno, 바리톤) : 새 사냥꾼으로 타미노 왕자를
도와 파미나 공주를 구하는 모험을 떠난다.

파파게나(Papagena, 소프라노) : 파파게노의 연인이 된다.

3명의 하녀들(Three slaves, 소프라노) : 상황에 따라 밤의 여왕
의 시녀가 되기도 하고 다른 배역으로 변환 가능한 캐릭터들
이다.


줄거리

사냥을 위해 숲에 온 타미노 왕자는 길을 잃고 무시무시한
뱀에게 쫓긴다. 그때 세 명의 여인이 나타나 그를 돕는다. 이
여인들은 밤의 여왕의 시녀들로 밤의 여왕의 슬픈 소식을 타
미노에게 전한다. 그 소식이란, 밤의 여왕의 딸 파미나가 악한
세력에 의해 붙잡혀 있다는 것으로 타미노 왕자가 그녀를 구
출해 주길 바란다는 내용이었다.

요청에 응한 타미노 왕자는 조수로 파파게노를 데려가고,
밤의 여왕은 타미노에게 피리를 준다. 타미노 왕자는 마침내
밤의 여왕의 딸 파미나를 찾게 되고 그녀를 억류하고 있던 자

라스트로와 대적한다. 그런데 여기서 타미노는 생각지도 않던 반전을 맞이한다. 알고 보니 자라스트로는 악당이 아닌 현자로 '낮의 세계'를 다스리고 있었으며, 파미나 공주의 엄마인 밤의 여왕은 '밤의 지배자'로 악당이었던 것이다.

타미노 왕자와 파미나 공주는 서로 사랑하지만 그들의 사랑을 이루려면 세 가지 시련을 감내해야만 하는 상황에 놓인다. 그리고 이들은 시련을 극복하고 '낮의 나라'에서 결혼하며, 파파게노는 파파게나라는 짝을 찾아 결혼한다.

## 음악

주로 밤의 여왕이 부르는 화려한 아리아들이 〈마술피리〉의 자랑거리다. 밤의 여왕이 부르는 노래들 중에 '나는 괴로움을 위해 선택 된다' '지옥의 복수가 불타오른다'가 대표적이다. 파파게노의 '나는 새잡이', 리트풍 노래를 하는 타미노의 '너무나 아름다운 초상' 그리고 고전적 가창을 선보이는 자라스트로의 '성스러운 전당에는'이 〈마술피리〉의 대표곡들이다.

## 체크 포인트

프리메이슨이라는 비밀 결사 단체를 들어본 적이 있을 것이다. 1784년 프리메이슨에 가입한 모차르트는 〈마술피리〉에 프리메이슨의 사상을 듬뿍 담았다. 자라스트로가 진행하는 신비로운 의식도 프리메이슨의 의식을 본뜬 것이라고 한다. 오페라 상에서 지혜, 우정, 자연과 같이 프리메이슨이 소중히 여기는 가치가 상징적으로 들어 있는데, 사실 이런 요소는 비단 프리메이슨뿐 아니라 우리의 일상에서도 중요한 가치다. 때문에 오페라를 감상하면서 프리메이슨의 상징만을 찾기 보다는 각자가 좋아하거나 중요하게 생각하는 관점에 의미를 두고 감상할 필요가 있다.

### 추천 영상물

〈마술피리〉는 여러 판본이 있지만, 최고의 셰익스피어 연출가로 꼽히는 줄리 테이머(Julie Taymor)가 연출한 2006년 판 메트로폴리탄 오페라 영상물을 추천한다.

테이머는 무대 연출가이자 디자이너, 영화감독으로 활동한 바 있다. 테이머가 대중적으로 사랑받게된 결정적인 계기는 뮤지컬 〈라이언 킹(Lion King)〉을 올리면서부터다. 환상적이고 동화적인 분위기를 창조하는 데 탁월한 기질을 갖고 있는 그녀는 화려하고 몽환적인 분위기를 살려 〈마술피리〉를 연출함으로써 많은 호평을 받아냈다.

또 다른 저명한 셰익스피어 연출가인 피터 브룩(Peter Brook)이 연출한 〈마술피리〉도 주목할 만하다. 브룩의 〈마술피리〉는 한국 무대에 오르기도 했다. 테이머의 〈마술피리〉가 화려함과 웅장함, 동화적 요소의 극치라면, 피터 브룩의 〈마술피리〉는 간결함의 극치다. 음악도 오케스트라 없이 피아노에 맞춰서 부르는 데다가 공연 시간도 90분 가량이다. 군더더기를 줄인 파격적인 오페라 공연이라고는 하나, 오케스트라가 빠지고 상당 부분이 축약되다보니 약간 헛헛한 느낌도 있다. 그러나 오페라를 어렵다고 느끼는 대중에게는 효과적으로 접근할 수 있는 연출법이었다. 향후 영상물로 출간된다면 테이머의 버전과 비교해서 관람해도 좋을 것이다.

# 디즈니와는 또 다른 신데렐라, 로시니의 〈라 체네렌톨라〉

　　오페라 〈라 체네렌톨라〉는 로시니가 만든 오페라판 신데렐라다. 신데렐라는 원작자에 따라 내용이 조금씩 다르며, 세계 여러 국가에 비슷한 종류의 이야기가 존재한다. 예를 들어, 우리나라의 콩쥐팥쥐전도 신데렐라와 비슷하다. 프랑스의 작가 페로(Charles Perrault) 역시 신데렐라를 소재로 한 동화 『상드리옹(Cendrillon)』을 썼는데, 이 작품을 작곡가 로시니가 대본가 페레티(Jacopo Ferretti)와 협의해 각색함으로써 오페라를 완성시켰다. 〈라 체네렌톨라〉는 친숙한 내용이기 때문에, 이제 막 오페라를 접하는 단계라면 이 작품을 감상하는 것이 후회 없는 선택이 될 것이다.

## 라 체네렌톨라(La Cenerentola)
## 초연 1817년 / 구성 2막 3장

로시니(Gioacchino Antonio Rossini, 1792~1868)에 대해 알아보자. 많은 천재들이 그랬듯이 로시니 역시 가난한 집안에서 태어났다. 그러나 소프라노의 음색을 지닌 어머니와 트럼펫을 연주하는 아버지 덕에 그는 어린 시절부터 음악을 배울 수 있었다. 로시니는 자신의 음악적 재능을 바탕으로 교회의 성가대에서 봉사를 하고 화성법을 공부했다. 그는 가난했지만 모두와 더불어 즐겁게 사는 것에서 정서적 풍요로움을 쌓을 수 있었던 것이다. 실제로 로시니 음악의 특징은 매우 활기차고 듣는 이로 하여금 힘을 준다.

### 등장인물

안젤리나(Angelina, 메조소프라노) : 어머니의 재혼으로 계부와 의붓언니들과 생활하는 소녀다.

돈 마그니피코(Don Magnifico, 베이스) : 안젤리나의 의붓아버지로 교만하고 어리석다. 코믹한 면도 있어서 미워하기만 할 수 없는 인물이다.

돈 라미로(Don Ramiro, 테너) : 살레르노의 왕자. 안젤리나와 사랑에 빠진다.

알리도로(Alidoro, 베이스) : 현자. 왕자의 스승이다.

단디니(Dandini, 베이스) : 돈 라미오의 하인이다.

클로린다(Clorinda, 소프라노)와 티스베(Tisbe, 메조소프라노) : 안젤리나의 의붓자매들로 심술궂지만 코믹하다.

### 줄거리

'신데렐라'는 '재투성이 소녀'라는 의미다. 즉, 아름다운 공주의 이름이라기보다 소녀를 괴롭히는 의붓언니들에 의해 붙여진 별명에 가깝다. 주인공 안젤리나는 의붓아버지 돈 마그니피코와 의붓언니들과 산다. 돈 마그니피코는 안젤리나의 어머니가 재혼했던 상대로, 안젤리나는 어머니가 돌아가시자마자 의붓아버지와 언니들 사이에서 괴롭힘을 당하고 하녀로 전락했다. 안젤리나가 살고 있는 성은 사실 안젤리나의 소유인데, 몰락한 귀족인 돈 마그니피코는 본래의 주인인 안젤리나를 하녀로 만들어버리는 악행을 저지른 것이다. 의붓언니 클로린다와 티스베 그리고 돈 마그니피코는 폭력을 행사하기도 하고 안젤리나 어머니의 유품을 함부로 다루기도 하면서 안젤리나에게 상처를 입힌다. 하루하루 견디기 힘든 생활을 하는 안젤리나는 마음을 달래기 위해 노래를 부른다.

한편, 왕궁에서는 한창 돈 라미로 왕자의 결혼이 진행 중이다. 돈 라미로 왕자는 왕좌를 이어받아야 하기 때문에 형식적인 결혼을 해야 하는 상황이다. 그런 왕자를 위해 스승 알리도 로가 신부 찾기에 나선다. 알리도로는 거지로 분장하고 신붓 감을 구하러 다니다가 안젤리나의 집에 들른다. 이때 티스베 와 클로린다는 거지로 분장한 알리도로를 구박하지만 안젤리 나는 그에게 음식을 대접하고, 알리도로는 안젤리나의 훌륭 한 인성에 탄복한다. 그 후 시종으로 변장한 돈 라미로 왕자가 안젤리나의 집에 방문하는데, 안젤리나와 돈 라미로 왕자는 서로 첫눈에 반한다. 왕자로 변장한 시종 단디니 역시 안젤리 나의 집에 방문하지만, 이미 돈 라미로에게 반한 안젤리나는 그에게 마음을 주지 않는다.

돈 마그니피코는 자신의 딸 중 한 명을 왕자와 결혼시키기 위해 안젤리나를 하녀 취급한다. 하지만 알리도로는 안젤리 나를 아름답게 치장시킨 후 궁정 무도회에 데려간다.

무도회에서 재회한 돈 라미로와 안젤리나. 안젤리나는 돈 라미로에게 자신의 팔찌 하나를 주고, 다른 하나는 자신이 찬 다. 그리고 자신과 결혼하고 싶거든 자신을 찾아보라고 말한 다. 돈 라미로 왕자는 안젤리나를 찾기 위해 나서고 결국 그녀 와 결혼한다. 안젤리나는 자신을 괴롭힌 의붓아버지와 언니 들을 용서한다.

## 음악

〈라 체네렌톨라〉는 익숙한 스토리와 더불어 아름다운 음악이 많아서 눈과 귀가 호강하는 작품이다.

돈 마그니피코가 부르는 '나의 딸들이여'는 코믹한 분위기가 잘 살아나는 곡으로 약간 우스꽝스럽지만 그 안에 해학이 담겨 있다. 돈 라미로 왕자의 '기필코 그녀를 찾아내리라' 역시 명곡이다. 안젤리나가 부르는 '슬픔과 눈물 속에서 자라나'는 이 오페라를 대표하는 선율을 담고 있다.

## 스펙터클

무도회에 도착한 안젤리나가 베일을 걷어 올리고 그 아름다움에 모두가 탄복하는 장면은 매우 인상적이다. 또한 왕자와 재회해서 결혼하는 장면도 좋다. 왕자 일행이 안젤리나를 되찾기 위해 천둥번개를 뚫고 돌진하는 장면은 연출가의 상상력을 자극하는데, 특히 2009년 메트로폴리탄 오페라 실황의 연출은 큰 웃음을 남겨주었고 관객의 박수갈채를 이끌어냈다.

## 체크 포인트

겉으로 보기에 〈라 체네렌톨라〉는 남녀 간의 사랑 이야기를 다루는 것 같지만, 좀 더 깊이 들어가 보면 화해와 용서라는 주제를 다루고 있음을 알 수 있다. 돈 마그니피코는 의붓딸 안젤리나를 심하게 학대한다(연출에 따라 폭력의 강도 차이는 있다). 게다가 안젤리나의 어머니가 남긴 유산을 탕진하고 있다. 의붓언니들의 행패 역시 정도가 심해 안젤리나는 괴로운 처지에서 자라난다. 성의 주인이 자신임에도 의붓아버지와 그 딸들에게 성을 빼앗긴 채 하녀로 신분이 격하된 가여운 소녀. 하지만, 그녀는 수많은 괴로운 사건들에 파묻혀 있으면서도 타고난 고귀한 인성을 포기하지 않는다.

의붓아버지와 딸들은 오로지 안젤리나를 시기 질투하고 배척하기 때문에 안젤리나의 고귀한 인성이나 품격, 외적인 아름다움을 철저히 무시하려 든다. 그런 환경에도 불구하고 안젤리나의 한결같이 선한 인성은 적절한 때에 적절한 인물에 의해 그 가치가 증명된다.

안젤리나는 사랑하는 상대의 신분을 중요하게 생각하지 않는다. 그녀는 상대방이 왕자가 아니라 시종이라고 생각하고 있음에도 사랑에 빠진다. 그 결과, 안젤리나는 본래 물려받았어야 할 것보다 훨씬 높은 지위와 많은 재산을 갖게된다. 여기서 끝이 아니다. 돈 라미로 왕자의 반대에도 불구하고 안젤리나는 자신을 학대한 돈 마그니피코와 클로린다, 티스베를 용서한다.

로시니가 신데렐라를 자신의 스타일로 재해석한 〈라 체네렌톨라〉는 결국 사랑, 용서, 화해라는 삼박자를 고루 갖춘, 인간이 추구하는 이상향의 관계를 보여주는 감동의 오페라인 것이다.

## 추천 영상물

〈라 체네렌톨라〉는 많은 영상물이 나와 있는데, 그중에서 보편적으로 널리 알려진 것은 1995년 휴스턴 오페라 실황이다. 체칠리아 바르톨리(Cecilia Bartoli)가 안젤리나를 맡은 이 판본은 많은 공공 도서관에서도 볼 수 있다.

다른 판본으로는 2005년 글라인드본 페스티벌 실황이 있는데 피터 홀 경(Sir. Peter Hall)이 연출한 것으로 유명하다. 록산드라 도노세(Roxandra Donose)가 안젤리나를 맡았다.

가장 좋은 평가를 받는 판본은 그 이후에 나왔다. 2009년 메트로폴리탄 오페라 실황으로, 마우리치오 베니니(Maurizio Benini)가 지휘했다. 안젤리나를 맡은 엘리나 가랑차(Elina Garanca)는 뛰어난 노래 실력과 아름다운 외모, 카리스마 넘치는 눈빛으로 인기를 얻고 있는 메조소프라노다. 돈 라미로 왕자 역을 맡기로 했던 테너가 갑작스레 출연을 고사해서, 미국인 테너 로렌스 브라운리(Lawrence Brownlee)가 그 역을 맡았고 훌륭히 소화해냈다. 돈 마그니피코 역의 알레산드로 코르벨리(Alessandro Corbelli)와 단디니 역을 맡은 시모네 알베르기니

(Simone Alberghini)의 열연 또한 돋보이는 유쾌한 판본이다.

# 순수함 때문에 미쳐버린 소녀,
## 도니체티의 〈람메르무어의 루치아〉

도니체티의 아름다운 오페라 〈람메르무어의 루치아〉는 대표적인 벨칸토 오페라다. 스코틀랜드 판 〈로미오와 줄리엣〉이라는 평을 받고 있는 이 작품의 원작자는 월터 스콧 경(Sir. Walter Scott)이다. 오페라의 대본은 카마라노(Salvatore Cammarano)가 썼다.

### 람메르무어의 루치아(Lucia di Lammermoor[4])
### 초연 1835년 / 구성 3막

도니체티(Gaetano Donizetti, 1797~1848)는 로시니, 벨리니와

함께 벨칸토 오페라 최고의 작곡가로 꼽힌다. 그는 〈돈 파스콸레(Don Pasquale)〉〈루크레치아 보르지아(Lucrezia Borgia)〉 등을 작곡했는데, 그중 〈람메르무어의 루치아〉는 벨칸토 오페라의 정수로 여긴다. 속필로 유명한 그는 21년간 70편에 달하는 오페라를 작곡한 것으로도 유명하다.

### 등장인물

루치아(Lucia, 소프라노) : 람메르무어 영주의 여동생. 원수 가문의 자손인 에드가르도를 사랑하지만, 아르투로와의 정략결혼을 강요받는 상황이다. 너무나 순수하고 연약한 탓에 정신적 압박을 견뎌내지 못한다.

에드가르도(Edgardo di Ravenswood, 테너) : 루치아와는 원수 가문인 라벤스우드 영주의 아들. 루치아와 연인관계다.

엔리코(Enrico, 바리톤) : 루치아의 오빠로 에쉬튼 가문의 장남이다. 여동생 루치아를 아르투로와 결혼시킴으로써 정치적 영향력을 넓히려고 한다.

라이몬도(Raimondo, 베이스) : 사제로 루치아의 가정교사다.

아르투로(Arturo, 테너) : 엔리코에 의해 루치아와 정략결혼하는 남편으로, 첫날밤에 아내인 루치아에게 살해당한다.

람메르무어 영주의 여동생 루치아는 원수 가문인 라벤스우드 영주의 아들 에드가르도와 사랑하는 사이다. 하지만 루치아의 오빠 엔리코는 정치적 이익을 달성하기 위해 여동생을 귀족인 아르투로와 결혼시킬 계획을 갖고 있다.

엔리코는 루치아에게 보낸 에드가르도의 편지를 조작해 에드가르도가 루치아를 배신한 것으로 음모를 꾸민다. 조작된 편지를 받은 루치아는 결국 오빠가 시키는 대로 아르투로와의 결혼을 승낙한다.

결혼식 당일, 루치아는 혼인 서약서에 서명한다. 그런데 얄궂게도 서명을 마친 그때 에드가르도가 그녀의 결혼식장에 침입한다. 하지만 루치아는 서명을 한 만큼 아르투로의 아내가 된 상태다.

첫날밤, 루치아는 아르투로와 부부로서 밤을 보내야 한다는 사실을 참지 못하고 결국 남편을 칼로 찔러 죽인다. 미쳐버린 루치아. 순수한 신부를 뜻하는 흰 드레스를 피로 물들인 그녀는 광란의 아리아를 부른다. 그리고 지쳐 쓰러진 뒤 죽는다. 루치아의 사망 소식을 들은 에드가르도 역시 그녀를 따라 자결한다.

### 음악

1막 '침묵의 밤', 2막 '날 저버릴 수 있다면' 등의 인상적인 노래가 잇따르지만 최고의 노래는 단연코 '그대의 목소리가 들려요'다. '그대의 목소리가 들려요'는 3막 2장에서 시작되는 20여 분 간의 노래와 연기가 어우러지는 최고 난이도의 곡이다. 남편을 죽인 루치아가 피투성이의 모습으로 출연해 관객을 숨죽이게 만든 뒤 플루트와 대화하듯, 경쟁하듯 주고받으며 노래한다. 노래를 부르는 소프라노가 자신이 가진 모든 장기를 과시하듯 쏟아부으며 노래하기에 이 장면이 지나면 가수도 관객도 기진맥진한 상태가 되며 서로를 향한 존경심마저 들게 된다.

### 스펙터클

광란의 장면으로 불리는 '매드 신(mad scene)'. 이 오페라가 상연되던 당시에는 충격으로 정신이 이상해진 여주인공의 매드 신을 삽입하는 것이 유행이었다. 이 장면만큼은 직접 보길 권한다. 매드 신을 포함한 오페라로는 도니체티의 〈안나 볼레나(Anna Bolena)〉와 벨리니의 〈청교도(I puritani)〉 등이 있다.

### 체크 포인트

• 벨칸토란 '아름답게 노래하기'라는 의미의 이탈리아어

로, 벨칸토 오페라는 내용이 아무리 슬퍼도 음악이 아름다우면 모든 것이 감수할만하다는 오페라 장르다. 때문에 아름다운 목소리와 최고의 기교를 갖춘 실력파 가수들만 살아남을 수 있다.

• '낭만'이라는 것은 흔히 생각하는 '아름답고 애절한 사랑 이야기' 정도의 느낌과는 상당한 차이가 있다. 물론 아름다운 사랑이야기, 애절한 연인의 관계가 존재하지만 그보다는 우울과 환상, 약간의 괴기스러움 그리고 죽음의 이미지가 '낭만'에 포함된다는 사실을 간과해서는 안 된다. 즉, '사랑(에로스)에는 죽음(타나토스)이 따라온다'는 논리다. 사랑하면 그때부터는 '나'보다 사랑하는 대상인 '상대방'이 중요해진다. 밥을 먹어도 책을 보아도 사랑하는 사람의 얼굴이 떠오르고 그 사람을 위해서라면 무엇이든 할 수 있을 것 같은 생각이 든다. 그러면 어느 순간 '나'는 사라진다. 이것을 '죽음'과 연결 짓는다. 철학적으로, 또는 심리학적으로 말하는 '죽음'을 예술가들은 작품 속에서 연인 중 한 명(때로는 두 명 모두)이 죽는 것으로 표현한다. 사랑에는 희생과 감당해야 할 슬픔도 따른다는 사실을 알려주는 것이다.

### 추천 영상물

〈람메르무어의 루치아〉는 최고의 가수들이 참여했기 때문에 선택이 쉽지 않다. 전설로 꼽히는 루치아는 조안 서덜랜드(Joan Sutherland)다. 물론 오페라를 감상하는 사람마다 취향이 다르지만 서덜랜드의 '루치아'는 타의 추종을 불허한다. 그녀는 벨칸토 오페라를 부활시켰다는 평을 받을 정도로 뛰어난 기교를 보여주었다.

서덜랜드가 '루치아'를 부른 영상물은 1983년 메트로폴리탄 오페라 실황인데, 가히 최고의 무대를 선보였다. 호주 출신의 소프라노 서덜랜드는 남편 리처드 보닝(Richard Bonynge)의 열렬한 외조로 최고의 소프라노 위치에 오를 수 있었다. 보닝은 이 영상물에서 지휘를 맡았고, 둘은 다정한 부부애를 과시한다. 에드가르도 역에는 알프레도 크라우스(Alfredo Craus)가 열연했는데, 이 오페라가 워낙 루치아에게 초점을 맞추다 보니 작품이 끝나고 나면 루치아의 모습만 기억에 남는다.

한국의 조수미(Sumi Jo) 역시 보닝의 영향을 많이 받았으며 '루치아'를 부른 일이 있다. 조수미는 명실공히 세계 최고의 콜로라투라 소프라노 중 한 명이다. 그런 그녀였기에 매드 신 외에도 3막의 플룻과 소프라노 대결에서도 발군의 실력을 보였다. 이 실황도 리처드 보닝이 지휘를 맡았다.

또 다른 '루치아'로는 안나 네트렙코(Anna Netrebko)가 있는데, 그녀는 호평보다 혹평을 받았다. 네트렙코는 실력과 미모를 겸비한 스타 소프라노다. 하지만 '루치아'를 부를 준비는 안 된 것 같다는 평이 돌기도 했고, 오히려 악역인 마리우스 크비치엔(Mariusz Kwiecien)이 호평받았다. 상대역으로 정해졌던 롤란드 비야손이 출연을 고사해 아쉬움을 남기기도 했다.

하지만 매드 신이 있는 또 다른 오페라 벨리니의 〈청교도〉에서는 무대에 누운 채 노래를 불러 큰 호응을 얻었다. 실력에 미모까지 겸비한 가수를 찾는 것이 쉽지 않던 시절에 네트렙코는 최고의 찬사를 받았지만, 아름답고 실력까지 출중한 가수가 많은 요즘에는 '21세기의 칼라스'라고 그녀를 추켜세우던 평가가 지나쳤던 것은 아닌가 하는 소리도 들려온다. 하지만 그녀는 여전히 가장 인기 있는 오페라 스타이자 명 소프라노 중 한 명이다.

# 오페라 속 노래 경연대회,
## 바그너의 〈탄호이저〉

독일의 오페라사에서 바그너(Richard Wagner, 1813~1883)만큼 중요한 위치를 차지하고 있는 음악가는 드물 것이다. 기존의 오페라 양식을 따르지 않고 새로운 형식인 무지크드라마(Musikdrama)를 만들어낸 바그너는 베르디와 라이벌 구도를 이루며 현재까지도 선의의 경쟁자로 자리매김하고 있다. 그는 오페라를 단순한 무대예술이 아닌 종합예술(Gesamtkustwerk)로 받아들이고 미래지향적인 오페라를 만드는 데 주력했다.

## 탄호이저(Tannhäuser)
## 초연 1845년(드레스덴), 1861년(파리) /
## 구성 서곡과 3막

　바그너는 9세부터 피아노를 배웠고, 라이프치히 대학에서 음악과 철학을 배웠다. 그는 대본을 직접 쓰는 것으로 유명하다. 라이프치히 대학 시절부터 폭력 또는 음주 문제를 일으키고 다녔던 그는, 1864년 루드비히 왕을 만나면서 인생의 전환기를 맞게 된다. 후원을 자처한 루드비히 왕 덕분에 바그너는 그간 작곡해두었던 작품들을 무대에 올릴 수 있었다.

　〈탄호이저〉는 실존했던 독일의 음유시인을 주인공으로 한다. 13세기 초엽 그의 이름으로 쓰인 시들이 발견되었으나 생애에 대한 자세한 내용은 전해지지 않는다. 오르페우스를 연상시키는 인물인 탄호이저는 오페라의 주인공이 되기에 충분하다.

　〈탄호이저〉는 신화적 세계와 인간세계를 오가면서 전개된다. 특히 극 중 노래 경연대회를 개최하면서 음악극의 특성을 최대한 살렸고 독일 정서까지 함축시켰다. 또한 바그너가 시도한 새로운 극의 형식을 잘 살린 작품으로 꼽힌다.

### 등장인물

탄호이저(Tannhäuser, 테너) ： 음유시인이자 기사(미네징거, minnesinger). 베누스와 함께 유희를 즐긴다.

베누스(Venus, 소프라노) ： 사랑의 여신. 탄호이저에게 육체적 사랑의 참맛을 알게 한 장본인이다.

엘리자베트(Elizabeth, 소프라노) ： 탄호이저의 연인으로 순수하고 정결하다.

볼프람(Wolfram, 바리톤) ： 음유시인이자 기사. 엘리자베트를 사랑한다. 사랑의 순결성을 찬양한다.

### 줄거리

막이 오르면 베누스베르크가 펼쳐진다. 베누스베르크는 미와 사랑의 여신 베누스가 사는 곳으로 향락적인 세계다. 이곳에서 오랜 시간 유희를 벌이던 탄호이저는 인간의 삶을 그리워하게 된다. 특히 인간세계에 두고 온 연인 엘리자베트를 생각하면서 그의 그리움은 더해져만 간다. 탄호이저는 베누스의 만류에도 불구하고 베누스베르크를 떠난다.

엘리자베트와 조우하여 함께 기쁨을 나누는 탄호이저. 하지만 엘리자베트를 흠모하던 볼프람은 그 모습을 보며 가슴 아파한다.

노래 경연대회가 열리고 경연대회에 출전한 이들은 사랑을 주제로 노래한다. 볼프람은 마음에 담아 둔 엘리자베트를 생각하면서 순결한 사랑의 가치를 찬양한다. 그러자 탄호이저는 육체적 사랑과 욕망을 노래한다.

베누스베르크에서의 방탕한 삶을 드러내버린 탄호이저는 청중의 공분을 사고 죽임당할 위기에 처한다. 하지만 엘리자베트의 보호 덕에 그는 순례의 길을 떠나게 된다. 순례의 길에서 탄호이저는 나무지팡이에서 풀이 돋는 기적을 겪어야 용서받게 됨을 알고 절망한다. 그 사이 엘리자베트는 죽고, 탄호이저가 참회하자 지팡이에서 꽃이 피는 기적이 펼쳐지고 그는 구원받는다.

### 음악

이 작품은 아리아뿐 아니라 서곡이 매우 중요하다. 서곡은 탄호이저의 갈등하는 내면을 그대로 반영한다. 1막에서 부르는 '베누스의 찬가'는 탄호이저의 감정을 이해하면서 들으면 더욱 좋은 노래다. 겉으로는 베누스를 찬미하던 탄호이저였지만, 속으로는 베누스와의 생활을 그만두고 싶기도 하다. 한때는 베누스를 진심으로 찬미했을 탄호이저의 마음을 예상해 보면 더욱 흥미롭게 들릴 것이다. 2막에서 본격적으로 시작되는 노래 경연대회의 노래들과 3막에서 엘리자베트가 부르는 '기도를 들어주소서' 역시 좋은 아리아로 꼽힌다.

### 스펙터클

〈탄호이저〉는 막이 열리면서부터 관객의 눈을 사로잡는 작품이다. 이유는 사랑의 신 베누스가 사는 세계인 베누스베르크에 대한 묘사 때문이다. 연출들은 제각각 현대적 해석, 판타지적 해석, 고전적 해석들로 베누스베르크를 재연함으로써 관객의 이목을 잡아끈다. 베누스베르크 후에 나오는 인간세계 바르트부르크와의 대조를 통해 관객은 다시 한 번 극에 몰입할 기회를 얻게 된다.

### 체크 포인트

이전 오페라들은 '번호 오페라'라는 형식으로 레치타티보, 솔로, 이중창, 합창 등의 형식을 띤 음악으로 구성되어 한 곡이 끝날 때마다 우레 같은 박수가 터져 나오는 것이 일반적이었다. 바그너는 이러한 기존의 형식을 거부하고 자신만의 혁신을 추구했다. 그가 추구한 혁신적인 요소 중 가장 중요한 두 가지로 '무한 선율'과 '유도동기(라이트모티프 Leitmotiv)'가 꼽힌다.

### 무한 선율

오페라에 음악도 중요하지만 연극적·문학적 요소도 중요하다고 생각했던 바그너는, 한 곡이 끝날 때마다 박수가 울려 퍼지는 오페라 관람 방식을 과감히 바꾸었다. 연극을 보거나 영화를 볼 때 중간에 누군가에 의해서 잠시 멈추게 되면 집중력이 떨어져 다시 관람을 시작해도 극의 흐름을 놓치기 쉽다. 이런 맹점이 오페라 관람에도 적용된다고 여긴 바그너는 묘안을 내놓는데, 그것이 바로 '무한선율'이다.

그는 자신의 저서 『미래의 음악』에서 무한선율에 대한 의견을 내놓았다. 무한선율이란, 말 그대로 음악을 끊지 않고 연주하는 것이다. 이렇게 되면 관객은 처음부터 극이 끝날 때까지, 또는 한 막이 끝날 때까지 박수를 칠 수 없고 극에 대한 긴장도나 집중도가 높아진다. 가수들 역시 박수가 잦아들길 기다렸다가 다음 노래를 불러야 하는 번거로움이 없어 정해둔 시간 안에 공연을 마칠 확률이 높다.

바그너의 과감한 음악적 시도는 당대에 많은 논란을 가져왔다. 하지만 그의 시도는 미래지향적인 것이었고, 이제 우리는 바그너의 오페라를 하나의 유형, 하나의 장르로 생각할 만큼 높게 평가하고 있다. 바그너는 오페라가 오락거리가 아닌, 진지한 문학성을 내포한 공연 양식으로 자리 잡는 데 큰 도움을 주었다. 〈탄호이저〉는 바그너의 무한 선율에 대한 시도가 돋보이는 작품이다.


유도동기

'유도동기'란 특정 인물 또는 특정 상황을 상징하는 음악을 반복적으로 사용하는 것이다. 따라서 그 음악만 들어도 관객은 '아! 어떤 인물이 출연하겠구나!', 또는 '어떤 상황이 벌어지려나 보구나!' 하고 예상할 수 있다. 때로는 '아, 이전에도 이런 일이 벌어졌었지!'라고 생각하면서 감상에 젖을 수도 있다. 이러한 유도동기들을 파악해두면 관람하는 동안 마치 작곡가가 옆에 앉아 직접 해설해주는 듯한 느낌을 받는다. 바그너는 〈탄호이저〉에서 '구원의 동기' '찬미의 동기' 등의 유도동기를 사용함으로써 극의 몰입을 돕는다.

### 추천 영상물

베누스베르크를 어떻게 표현하는가에 따라 극 전체의 분위기가 좌우된다. 또한 초반에 나오는 사랑의 여신 베누스를 어떤 방식으로 분장하는가도 눈여겨볼 사항이다.

카논(canon)으로 꼽히는 판본은 1978년 바이로이트 페스티벌 실황이다. 콜린 데이비스(Colin Davis)가 지휘한 이 판본은 괴츠 프리드리히(Götz Friedrich)가 연출하였는데, 탄호이저 역의 슈파스 벤코프(Spas Wenkoff)보다 베누스 역의 기네스 존스(Gwyneth Jones)가 눈길을 사로잡는다. 존스는 이 판본에서 베누스 역과 엘리자베트 역을 모두 소화했다. 육욕에 능숙한 여성과 순결한 여성을 한 여가수가 노래함으로써 여성 내면에 존재하는 양면성을 극대화한 연출이다. 특히 붉은 망사드레스와 가면을 쓴 베누스 역의 모습은 지금 보아도 전혀 어색함이 없는 강렬한 인상을 준다. 베누스베르크의 환상성을 표현하기 위해 동원된 무희들은 존 노이마이어(John Neumeier)의 안무에 맞추어 춤춘다.

두 번째로 추천할 판본은 주빈 메타(Zubin Metah)가 지휘하고 데이비드 앨든(David Alden)이 연출한 1994년 바이에른 슈타츠오퍼 판본이다. 이 판본은 특히 상상 속 베누스베르크를 제대로 재현했다는 평을 받는다. 나체로 움직이는 베누스의 시종들, 그 가운데 등장한 붉은 머리를 한 강렬한 인상의 베누스는 발트라우트 마이어(Waltraud Meier)가 맡았다.

최근 판본으로는 로베르트 카슨(Robert Carsen)이 연출하고 세바스티안 바이글(Sebastian Weigle)이 지휘한 2012년 바르셀로나 리세우 극장판이 있다. 실제 부부기도 한 페터 자이페르트(Peter Seiffert)가 탄호이저를, 페트라 마리아 시니처(Petra Maria Schinitzer)가 엘리자베트를 맡아 화제가 되기도 했다. 이 판본에서 탄호이저는 고뇌하는 화가로 묘사된다. 환상적 영역으로만 묘사했던 베누스베르크를 커다란 화실로 묘사하면서 창작의 고통에 몸부림치는 예술가의 정신을 반영했다.

# 실화를 바탕으로 한 사랑 이야기,
## 베르디의 〈라 트라비아타〉

이 오페라의 원작 소설은 뒤마 피스(Alexandre Duma, fils)[5]의 『동백꽃을 든 여인(La Dame Aux Camelias)[6]』이다.

뒤마 피스는 파리의 고급 매춘부 코르티잔(courtesan, 쿠르트 장)인 뒤플레시스(Alphonsine Marie Duplessis)를 모델로 원작 소설을 완성했다. 그는 뒤플레시스를 만나 사랑에 빠졌지만, 그녀의 낭비벽을 만족시키기엔 역부족이었다. 뒤플레시스는 뒤마 피스 외에도 부자 연인을 여럿 두고 있었다. 코르티잔은 고급 매춘부면서 사교계의 연예인 같은 존재였기 때문에 끊임없이 부자 남성들의 구애를 받았던 것이다.

문제는 뒤플레시스가 결핵 환자라는 것이다. 그녀는 결핵 때문에 얼마 살 수 없었고 매우 병약했다. 이런 병약한 면이 애인들을 더욱 끌어당겼다고 한다. 뒤플레시스는 죽기 직전까지 애인들이 제공한 고급 의료 혜택을 받은 것으로 알려져 있다. 뒤마 피스는 뒤플레시스를 사랑했으나 그녀를 만족시킬 만한 재력이 없어서 가슴앓이를 했다. 그러나 그녀가 죽고 난 후에 쓴 『동백꽃을 든 여인』이 대 히트를 치고 덕분에 뒤마 피스는 작가로서의 명성을 얻게 되었으니 삶의 아이러니다.

## 라 트라비아타(La Traviata)
## 초연 1853년 / 구성 3막

베르디(Giuseppe Verdi, 1813~1901)는 이탈리아의 작곡가로 오페라에 두각을 나타냈던 사람이다. 그는 가난한 집안 출신이었기에 정규 음악 교육을 받을 수 없었으나 마을의 오르간 교사로부터 건반을 배우면서 음악에 대한 재능을 나타냈다.

뜻이 있는 곳에 길이 있다고 할까? 베르디에게 스폰서가 생겼고 그의 집에 거하면서 음악공부를 했다. 결국 그 집안의 딸과 결혼한 베르디는 〈나부코(Nabucco)〉〈에르나니(Ernani)〉〈일 트로바토레(Il Trovatore)〉〈리골레토(Rigoletto)〉〈시몬 보카네그라(Simon Boccanegra)〉〈아이다(Aida)〉 등 다수의 명작을 남겼다. 그의 작품이 대부분 히트작으로 현재에도 전해지고 있으며 인기도 여전히 좋다. 〈막베토(Macbeto, 맥베스)〉〈오텔로 (Otello, 오텔로)〉〈팔스타프(Falstaff)〉처럼 셰익스피어에 근원을 둔 오페라를 다수 작곡하기도 했다.

### 등장인물

비올레타 발레리(Violetta Valery, 소프라노) : 남성들에게 경제적 지원을 받는 고급 창녀다.

알프레도 제르몽(Alfredo Germont, 테너) : 비올레타를 사랑하는 순진한 청년으로, 비올레타의 연인이다.

조르지오 제르몽(Giorgio Germont, 바리톤) : 제르몽, 알프레도의 아버지다. 엄한 성격의 소유자로 아들이 코르티잔에게 빠져 있는 것을 원치 않는다.

듀폴 남작(Barone Douphol, 바리톤) : 비올레타의 구애자다.

플로라(Flora Bervoix, 메조소프라노) : 비올레타의 친구다.

### 줄거리

비올레타는 파리의 코르티잔으로 화려한 삶을 산다. 하지만 그녀는 결핵을 앓고 있었고 진정한 사랑은 경험해 보지도 못했다. 사치와 향락을 일삼던 비올레타는 청년 알프레도를 만나고, 처음에는 그를 거절하지만 진심 어린 그의 마음을 받아들여 파리 생활을 접고 시골로 떠난다.

오페라에서는 갑작스레 이들의 시골 생활이 시작되지만 원작 소설에서는 시골 생활을 택하기까지의 경위가 잘 설명되어 있다. 그곳에서 알프레도와의 생활을 시작한 비올레타는 알프레도의 아버지 제르몽의 갑작스런 방문을 받게 된다.

제르몽은 지저분한 과거를 갖고 있는 비올레타가 아들과 교제하는 것을 허락하지 않는다. 게다가 비올레타는 당시로써는 무서운 병을 앓고 있었으니 아버지 입장에서는 당연히 아들이 걱정되었을 것이다. 비올레타는 제르몽으로부터 알프레도와의 이별을 종용받자 파리로 돌아간다. 비올레타가 알프레도를 떠나면서 자세한 사정을 이야기하지 않았기 때문에 알프레도는 배신당했다고 생각한다. 앙심을 품은 알프레도는 듀폴 남작과 함께 나타난 비올레타에게 '화대' 명목으로 돈을 던져 망신을 준다. 비올레타는 그 충격으로 쓰러지고 사교계를 은퇴한다.

비올레타에게 남은 것은 병에 찌든 몸뿐이었다. 뒤늦게 알프레도가 비올레타를 찾아오지만, 비올레타는 이미 시들대로 시든 꽃과 같은 상태다. 그녀는 알프레도의 품에 안겨 숨을 거둔다.

결말은 원작 소설과 다른데, 원작의 마르그리트(Marguerite, 뒤플레시스를 모델로 쓴 여주인공)는 사랑하는 아르망(Armand)이 없는 사이에 쓸쓸하게 죽음을 맞는다.

### 음악

1막 '축배의 노래'는 알프레도와 비올레타의 엇갈린 사랑을 예고하는 노래다. 알프레도는 '진실한 사랑'을 노래하지만 비올레타는 "순간의 쾌락'을 노래한다. 3막 '지난날이여 안녕'은 병색이 짙은 비올레타가 거울 속의 변해버린 자신을 보며 부르는 노래로 듣는 이의 심금을 울리게 한다.

### 스펙터클

〈라 트라비아타〉가 관객의 호기심을 사로잡는 이유는 코르티잔의 비밀스런 사생활이 조명되기 때문이다. 그러므로 알프레도와 비올레타의 사랑 외에도 비올레타의 의상이나 장신구, 그녀의 개인적인 공간이 매우 중요한 표현 도구가 된다. 특히 화려했던 비올레타의 모습, 제르몽이 비올레타를 방문했을 때 그녀의 집, 그녀의 실내복 차림은 비올레타의 사망 직전 추레한 행색과 큰 대비를 이루면서 관객의 시선을 자극한다.

### 체크 포인트

코르티잔은 남성들에게 경제적으로 지원받는 고급 창녀다. 이들에게 미모와 교양은 필수였다. 상류층 남성을 유혹하고 그들과 함께 생활하기 위해서는 대화가 통해야 했기 때문이다. 코르티잔은 대부분 십 대 초중반에서 이십 대 중후반 정도의 나이였다. 물론 시간이 흘러서 나이를 먹어도 애인과 좋은 관계를 유지하는 이들도 있었겠지만, 돈으로 성을 사고파는 비도덕성을 바탕에 깔고 있는 관계였던 만큼, 비극적으로 끝나기 십상이었다.

이 시기 귀족이나 왕족 여성, 또는 곱게 자란 여염집 여성들은 당연히 좋은 남편감을 찾아 결혼을 했다. 그러나 가난하고, 경제력이 없는 노동계급 여성은 하루 종일 공장에서 일해도 먹고 살기 힘들었다. 그렇다 보니 노동계급 여성들 사이에서는 남자를 유혹하는 것이 가장 편하게 사는 법이라는 의식이 팽배했던 것 같다. 그들이 생각하는 '남자'는 '남편감'이라기보다 물질적으로 지원해주는 애인이었다. 애인은 나이가 아주 많기도 했고, 기혼남들이 대부분이었다.

창녀는 세 등급으로 나눈다. 첫째, '그리제트(grisette)'다. 그리제트란 프랑스어로 '회색'이라는 의미인데, 당시 공장에 다니던 여성 노동자들이 입던 작업복이 회색이었다는 데서 따온 말이다. 공장 노동자들 가운데 먹고 살기 어려워 몸을 팔던 여성도 있었다는 것이다. 이 용어는 나중에 '거리의 여자'라는 의미가 포함된다. 다음은 '로레트(lorette)'다. 코르티잔만큼은 아니지만 애인도 있고 먹고 살기 어렵지는 않다. 이 책에서는 다루지 않지만 푸치니(Giacomo Puccini)의 오페라 〈라 보엠〉 속 여주인공 '미미(Mimi)'와 그녀의 친구 '무제타(Musetta)'가 여기에 해당한다. 그리고 그 다음 등급이 바로 코르티잔이다.

코르티잔은 행복했을까? 개개인의 가치관에 따라서는 행복했을 수도 있다. 그들에게는 물질적으로 무엇이든 바치는 애인이 있었다. 애인은 한 명이 아니었다. 〈라 트라비아타〉의 실제 모델인 뒤플레시스 역시 여러 명의 애인이 있었다. 이들 중에는 여성의 비위를 맞추려고 계속 고가의 물건을 선물하다 가산을 탕진한 자들도 있었다. 하지만, 아무리 남자들이 잘 해줘도 코르티잔에게 남는 것은 외로운 노후와 질병이었다. 뒤플레시스를 비롯한 인기 있는 코르티잔은 여러 명의 손님을 상대해야 했기에 건강이 좋을 리 없었다. 게다가 남자들에게 코르티잔은 애인 이상도 이하도 아니었다. 코르티잔은 아무리 사치스럽고 화려하게 치장해도 창녀에 불과했으며, 코르티잔과 남성들의 관계는 물질을 대가로 향락과 성을 사고파는 것이 기본이었다. 뒤마 피스는 자신의 소설에서 마르그리트가 죽고 난 후에도 그녀의 애인들은 아무 일 없이 평상시처럼 살아가는 것을 묘사한다. 즉, 그녀들은 시들어 버리면 아무것도 아닌 한 송이의 꽃과 같은 존재였던 것이다.

실제로 많은 코르티잔들이 젊음을 잃은 후에 또는 애인에게 새로운 코르티잔이 생긴 후에 거리로 내몰렸다. 이들은 과거에 애인들로부터 받았던 장신구나 드레스를 팔면서 근근이 살아갔다고 한다. 물론, 장신구조차 없이 버려지는 경우도 많다. 이렇게 거리로 내몰린 여자들로 인해서 또다시 악순환이 계속된다.

코르티잔들은 아이를 낳지 않는 것이 암묵적인 약속이었다. 하지만 코르티잔, 로레트, 그리제트 할 것 없이 몸을 팔던 여자들 중 임신하는 여자들이 생기게 마련이었다. 이들은 딸을 낳게 되면 똑같이 매춘이라는 악행을 되풀이할 수밖에 없었다. 당시에는 여성들이 일을 할 수 없는 분위기였기 때문에 먹고 살기 위해서 딸에게 매춘을 시키는 것을 부끄러워하지 않았다고 한다. 그들에게 매춘은 생존 수단이었던 것이다.

### 추천 영상물

〈라 트라비아타〉는 안젤라 게오르규가 비올레타를, 프랭크 로파도(Frank Lopardo)가 알프레도를 부른 1994년 런던 코벤트 가든 로열 오페라 실황이 최고로 꼽힌다. 당시 29세였던 게오르규는 이 공연으로 인해 일약 스타덤에 오른다. 지금처럼 기교면에서 완벽한 수준은 아니었지만, 젊음과 아름다움이 두드러졌던 게오르규는 비올레타를 표현하는 데 모자람이 없었다.

그 이후로도 〈라 트라비아타〉는 젊은 가수들의 매력을 극대화시키는 데 한몫을 했는데, 2005년 잘츠부르크 페스티벌 판본에서 정점을 찍는다. 안나 네트렙코가 비올레타를, 롤란도 비야손이 알프레도를 부른 이 판본은 심플하면서도 감각

적인 무대 디자인과 더불어 가수들의 의상 역시 기존의 고전
적인 무대와는 판이하게 달라져서 눈길을 끈다. 가장 기억에
남는 장면이 두 주인공이 함께 있을 때가 아니라 제르몽이 비
올레타의 집을 방문하는 장면이라는 것도 특이한 사항이다.
집에 있던 비올레타는 섹시하면서도 청순한, 상반된 매력을
선보이는데, 나이 든 신사인 제르몽과의 시각적 대비로 인해
아름다움이 배가되었다는 평이다.

# 우리가 알던 이야기와는 조금 다른데?
## 구노의 〈로미오와 줄리엣〉

많은 사람이 '로미오와 줄리엣'을 셰익스피어(William Shakespeare)가 만든 이야기로 알고 있다. 하지만 이런 종류의 이야기는 셰익스피어 이전에도 문학가들에 의해 소개되었다. 셰익스피어의 경우도, 이탈리아의 반델로(Matteo Bandello)의 작품을 브룩(Arthur Brook)이 영어로 번역한 것을 본 뒤 희곡화했다는 주장이 정설로 받아들여진다. 하지만, 가문의 반대로 난관에 부딪힌 젊은 연인이라든가, 이룰 수 없는 사랑 이야기는 시대에 상관없이 흔하고도 인기 있는 소재였다.

비슷한 소재를 차용한 오페라만 해도 〈람메르무어의 루치아〉〈트리스탄과 이졸데(Tristan and Yseult)〉 등이 있다.

## 로미오와 줄리엣(Roméo et Juliette)
## 초연 1867년 / 구성 서곡과 5막

구노(Charles Gunod, 1818~1893)는 프랑스의 작곡가로서 가곡 '아베마리아', 오페라 〈파우스트(Faust)〉 그리고 여기에 소개하는 오페라 〈로미오와 줄리엣〉으로 유명하다. 피아니스트였던 어머니로부터 음악을 전수받으면서 자란 그는 프랑스적인 음악을 만들기 위해 노력했으며, 섬세하면서도 깔끔한 선율의 음악을 선보인 것으로 유명하다.

### 등장인물

로미오(Romeo, 테너) : 몬태규(Montague) 가문의 아들로 줄리엣의 연인이 된다.

줄리엣(Juliette, 소프라노) : 캐퓰렛(Capulet) 가문의 딸로 로미오의 연인이 된다. 파리스와의 결혼을 강요받고 있다.

티발트(Tybalt, 테너) : 줄리엣의 사촌 오빠로 캐퓰렛 가문의 차기 수장이다.

머큐쇼(Mercutio, 메르큐쇼, 바리톤) : 로미오의 장난기 많은 친구다. 비극적인 죽음을 맞는다.

파리스(Paris, 바리톤) : 줄리엣의 약혼자로 백작이다.

로랑 신부(Frère Laurent, 베이스) : 로미오와 줄리엣의 결혼을 돕는다.

## 줄거리

구노의 손에서 아름다운 오페라로 재탄생한 〈로미오와 줄리엣〉의 기본적인 줄거리는 셰익스피어의 〈로미오와 줄리엣〉과 비슷하다.

베로나의 캐퓰렛 가문과 몬태규 가문은 앙숙으로 유명하다. 몬태규 가문의 아들 로미오는 캐퓰렛 가문에서 열리는 가장무도회에 숨어들고 그곳에서 만난 아름다운 소녀와 사랑에 빠진다. 그녀는 다름 아닌 줄리엣. 캐퓰렛 가문의 딸이었다. 둘의 사랑은 아주 조심스러워서 신부와 줄리엣의 유모 정도만 알고 있다. 급속도로 서로에게 빠져버린 둘은 비밀 결혼식을 올리게 된다. 하지만 이러한 사실을 전혀 모르던 두 가문의 지인들은 평소와 마찬가지로 시비가 붙게 되고, 줄리엣의 사촌오빠 티발트가 로미오의 친구 머큐쇼를 싸움 끝에 죽이는 비극이 일어난다.

형제와도 같던 친구 머큐쇼의 죽음 앞에 분노한 로미오는 티발트를 죽이게 되어 추방령을 받는다. 하지만 로미오는 줄리엣의 방에 몰래 숨어들고 둘은 첫날밤을 함께 보낸다. 다음 날, 로미오는 떠나고 줄리엣은 아버지에게 파리스와의 결혼을 강요당한다. 줄리엣은 로미오가 아닌 다른 사람과의 결혼을 피하기 위해 신부를 찾아가서 가사 상태에 이르는 약물을 받는다. 줄리엣은 약물을 먹고 깊은 잠에 빠진다. 줄리엣을 발견한 그녀의 부모는 줄리엣이 죽은 줄로만 알고 장례를 치른다. 그런데 이 소식은 로미오에게 제대로 전달되지 않았고 로미오는 줄리엣이 정말로 죽은 것으로 알고 줄리엣의 무덤으로 간다.

여기서부터 셰익스피어의 극과 구노의 오페라에 결정적인 차이가 생긴다. 셰익스피어의 〈로미오와 줄리엣〉에서는 로미오가 줄리엣의 시신 앞에서 자살하고, 그 후 잠에서 깨어난 줄리엣은 로미오의 단검으로 자살한다. 즉, 어린 두 연인은 재회의 기쁨을 누리지 못한다. 하지만 구노의 오페라 〈로미오와 줄리엣〉은 조금 다르다. 아마도 마지막에 듀엣 아리아를 넣어야 한다고 생각했기 때문이 아니었을까? 독약을 먹은 로미오가 죽기 전에 줄리엣이 깨어나고 두 연인은 마지막 사랑의 아리아를 부르며 비슷한 순간에 죽음을 맞게 된다. 오페라에서 로미오와 줄리엣의 죽음 장면은 보는 이들로 하여금 가슴이 저리도록 아프게 만든다.

### 음악

로미오가 발코니에서 줄리엣을 향한 사랑을 노래하는 2막의 '해여 떠올라라!'는 사랑에 빠진 남자의 절절한 감정을 담은 가슴을 울리는 노래다. 4막에서 줄리엣이 가사 상태에 빠지는 약을 먹으면서 부르는 '신이여, 저에게 용기를!' 역시 듣는 이의 심장을 떨리게 만드는 매력을 지녔다.

## 스펙터클

〈로미오와 줄리엣〉은 뮤지컬, 영화, 연극, 발레로도 유명하다. 그런데 이렇게 여러 장르로 각색되어도 관객이 늘 기대하는 장면이 있다. 바로 무도회 장면이다. 로미오와 줄리엣은 가장무도회에서 처음 만나게 된다. 이때 무도회를 어떤 분위기로 연출하느냐에 따라 극의 전반적인 느낌이 달라진다. 무도회를 화려하게 연출하면 극이 전반적으로 다이내믹해지고 결말의 죽음과 대조되어 관객은 높은 카타르시스를 느낄 수 있다. 반면 무도회를 수수하고 단정하게 연출하면, 두 사람의 만남이 진지한 느낌이 되어 극의 심도가 깊어지는 효과를 만들 수 있다.

무도회 장면 다음으로 주목받는 것은 발코니 장면으로, 두 사람이 사랑을 확인하는 장면이므로 매우 중요하다. 달빛이 비추는 가운데 단둘만의 사랑을 속삭이고 확인하는 어린 연인들. 하지만 이렇듯 순수한 사랑에 빠진 두 연인을 기다리는 결말은 비극이다. 발코니 장면은 안무가들에 의해서도 화려하게 재탄생한 예가 많다. 발레 〈로미오와 줄리엣〉의 경우, 연출가의 의도에 따라 발코니가 아닌 무대 위에서 진행되기도 한다.

죽음 장면 또한 명장면이고 가장 중요한 장면 중 하나인데, 극의 결말인 만큼 관객의 감정을 얼마나 이끌어내느냐에 따라 공연의 질이 달라진다. 〈로미오와 줄리엣〉은 다양한 장르로 탄생했으나, 특히 오페라에서 죽음 장면은 눈시울을 붉히게 하는 흡인력이 있다.

### 체크 포인트

〈로미오와 줄리엣〉은 구노 외에 다른 음악가들도 오페라로 개작하기 위해 열심이었다. 그만큼 많은 사람의 마음을 울릴 수 있는 소재였던 것이다. 구노 외의 다른 음악가들과 작품들로는, 벨리니(Vincenzo Bellini)의 〈캐퓰레티와 몬테키(I Capuleti e I Montecchi)〉, 잔도나이(Riccardo Zandonai)의 〈줄리에타와 로메오(Giulietta e Romeo)〉가 있다. 뮤지컬로는 프레스귀르빅(Gérard Presgurvic, Geraed Presgurvic)이 제작한 프랑스 뮤지컬 〈로미오와 줄리엣(Romeo & Juliette)〉, 번스타인(Leonard Bernstein)의 〈웨스트 사이드 스토리(The West Side Story)〉가 여기에 해당한다.

〈로미오와 줄리엣〉이 온전하게 하나의 작품으로 자리 잡게 된 데에는 셰익스피어의 영향이 크다. 그렇다면, 셰익스피어 시대의 관객은 연극 〈로미오와 줄리엣〉을 보고 어떤 생각을 했을까? 그들 역시 어린 연인들의 사랑 이야기에 감동하고 가슴 아파했을 것이다. 하지만 우리는 로미오와 줄리엣의 나이에 주목해야 한다. 줄리엣은 12~14세, 로미오는 14~16세였다는 것이 정설이다. 로미오와 줄리엣은 어린 나이에 결혼하고, 부부가 되고, 하룻밤을 보내고 결국엔 죽음을 맞았다. 그렇다면 당대 사람들은 어떤 생각을 했을까? 그들은 어린 소년 소녀의 방종을 염려했다. 결혼은 자신과 배우자를 책임질 수 있는 성숙함을 갖춘 성인 사이에서 행해져야 하고 부모의 축복 역시 필요하다. 그런데 로미오와 줄리엣은 너무나 어린 나이에 부모를 속이고 결혼한다. 그들의 결혼 계획에는 신부까지 뛰어들었다. 정략적인 결혼이나 양가의 앙숙 관계 속에서 어린 연인을 편을 들어 주고 싶었던 유모와 신부는 기꺼이 그들을 돕는다. 하지만 결과는 여러 사람의 죽음으로 이어졌다. 두 가문이 로미오와 줄리엣의 죽음 뒤에 화해를 맺었다는 셰익스피어 작품의 내용도 중요하지만, 우리는 이 작품 속에서 희생된 다른 사람들도 기억해야 한다. 이런 연유로 셰익스피어 시대에는 어린 연인들의 방종을 유의해야 한다는 분위기가 형성되었을 것이다.

**추천 영상물**

〈로미오와 줄리엣〉은 많은 사람이 좋아하는 작품이다. 특히 구노가 만든 작품의 음악은 유려하고 아름답다.

우선 1994년 코벤트가든에서 열린 로열 오페라 실황을 추천한다. 로미오는 로베르토 알라냐(Roberto Alagna), 줄리엣은 레온티나 바두바(Leontina Vaduva)가 맡았다. 알라냐는 실력파 테너로서 〈파우스트〉를 비롯한 수많은 작품에서 노래했고 현재도 왕성하게 활동하고 있다. 그는 청아하고 맑은 음색으로 유명한데, 특히 고음에서 아름다움의 절정을 들을 수 있다. 바두바는 보편적으로 줄리엣을 떠올리면 연상할 수 있는 순수하고 우아한 아름다움을 지녔다. 이 영상물에서 두 사람의 죽음 장면은 너무나 슬프고 아름답다. 두 사람의 호흡이 그만큼 잘 맞았던 데다 무대 연출도 뛰어났기 때문이다.

또 다른 판본은 2008년 잘츠부르크 페스티벌 실황이다. 로미오 역은 롤란도 비야손(Rolando Billazon)이 맡았다. 비야손은 현존하는 최고의 테너라고 극찬받는 가수다. 비야손은 한 곡한 곡을 무척 소중하게 부르기 때문에, 그의 노래를 듣고 있노라면 '나만을 위해 노래하고 있구나'라는 착각이 들 정도로 진정성이 느껴진다. 진심은 항상 전해진다는 말이 있듯이 비야손은 단순히 연기력으로 표현할 수 있는 한계를 넘어서 노래한다.

줄리엣 역을 맡은 가수는 니노 마카이제(Nino Machaidze)인데, 그녀에 얽힌 에피소드가 참 재미있다. 오페라는 워낙 대규모 공연이기 때문에 준비 과정이 자주 변경되기 마련이다. 본래 줄리엣 역에는 미모로 유명했던 안나 네트렙코가 예정되어 있었다. 하지만, 그녀는 도저히 출연할 수 없는 몸 상태였기에 안타깝게도 출연을 고사해야만 했다. 그때 부랴부랴 캐스팅된 사람이 마카이제다. 그렇다면 마카이제의 줄리엣에 대한 평가는 어땠을까? 호평 일색이었다. 줄리엣 역을 할 당시 그녀의 나이는 25세 정도로 주인공을 맡은 성악가치고는 매우 어렸다. 그녀는 어린 나이에 걸맞게 줄리엣에 근접한 해맑고 귀여운 모습을 보여주었다. 게다가 두툼한 핑크빛 입술은 섹시한 매력이 있었다. 즉, 성장하고 있는 소녀의 묘한 매력을 충분히 발산했던 것이다. 노래 실력 역시 네트렙코보다 훨씬 낫다는 평을 받았다. 이후 마카이제는 벨리니의 〈청교도〉에서 후안 디에고 플로레스(Juan Diego Florez)와 공연하는 등 전성기를 구가하게 된다. 성악가의 최고 전성기가 평균 35세인 것을 생각하면, 그녀의 최고 전성기는 아직 오지 않은 상태다. 앞으로도 최고의 명작 속에서 마카이제의 모습을 볼 수 있기를 기대한다.

# 반지의 제왕이 오페라 무대에, 바그너의 〈니벨룽의 반지〉

　　판타지가 많은 인기를 얻고 있는 시대다. 시공을 초월한 배경 속에서 서로 사랑하고 모험을 떠나는 주인공들의 이야기는 우리의 마음을 사로잡기에 충분하다. 그런데 이런 판타지 문학 중에서도 단연 으뜸으로 꼽히는 작품이 있다. 바로 톨킨(J. R. R. Tolkien)의 『반지의 제왕(The Lord of the Rings)』이다. 『반지의 제왕』은 오랜 역사를 자랑하고 영화로 제작되기도 하면서 많은 인기를 누렸다. 그런데 이 정도 규모의 대단한 판타지를 무대 위에서 볼 수 있다면 어떨까?

　　바그너가 만든 오페라 〈니벨룽의 반지〉는 총 4부작으로 이루어진 오페라다. 〈반지〉라는 애칭으로 불리기도 하는 〈니벨룽의 반지〉는 1부 〈라인의 황금(Das Rhinegold)〉, 2부 〈발퀴레 (Die Walküre)〉, 3부 〈지크프리트(Siegfried)〉, 4부 〈신들의 황혼 (Götterdämmerung)〉로 이루어진다. 총 4부의 에피소드로 이루어진 〈반지〉 시리즈는 4일에 거쳐서 하루에 1부씩 공연하는 것이 일반적이다.

『볼숭가 사가(Völsunga saga)』와 『니벨룽의 노래(Nibelungenlied)』를 원전으로 하는 탄탄한 구조의 대작 〈니벨룽의 반지〉의 세계로 들어가 보자.

## 니벨룽의 반지(Der Ring des Nibelungen)

바그너의 대표작으로는 〈파르지팔(Parsifal)〉〈탄호이저〉〈트리스탄과 이졸데〉 등의 작품들이 꼽힌다.

달필(達筆)이었던 그는 저술활동 역시 활발히 했다. 『독일 음악론(Über Deutsches Musikwesen)』『미래의 예술작품(Das Kunstwerk der Zukunft)』『예술과 혁명(Die Kunst und die Revolution)』 등은 지금도 명 저술로 꼽히고 있다.

## 1부 서야, 라인의 황금(Das Rhinegold)
## 초연 1869년 / 구성 1막

### 등장인물

보탄(Wotan, 베이스바리톤) : 신들의 왕으로 계약의 신이다. 거인족에게 발할라 성을 짓도록 명령한다.

프리카(Fricka, 메조소프라노) : 보탄의 아내. 결혼의 여신이다.

프라이아(Freia, 소프라노) : 프리카의 여동생으로 미의 여신이고 신의 사과를 재배한다.

로게(Loge, 테너) : 불의 신으로 인간과 신 사이에서 태어났다.

알베리히(Alberich, 바리톤) : 난쟁이족이다. 사랑과 욕망을 포기하고 라인의 처녀들에게서 황금을 탈취한다.

미메(Mime, 테너) : 알베리히의 동생이다.

파졸트와 파프너(Fasolt und Fafner, 바리톤 또는 베이스, 베이스) : 거인족 형제로 발할라 성을 짓는다.

### 줄거리

〈라인의 황금〉은 본 공연이라기보다 서야로 명시된다. 즉, 작품을 감상하기 위한 전체적인 배경을 설명하는 밤이다. 세상은 천상·지상·지하세계로 나뉘었고, 천상은 신들이, 지상은 거인들이, 지하는 난쟁이들이 살고 있다.

라인 강에는 세 명의 처녀들이 있는데, 그녀들은 단순히 물놀이를 즐기는 것이 아니고 강바닥의 황금을 지키고 있다. 이 황금으로 반지를 만들어 끼면 세상을 지배할 수 있다. 하지만 세상을 지배하는 대가로 사랑을 포기해야만 한다. 그러던 중 흉한 외모로 인해 처녀들에게 거부당해온 난쟁이 알베리히가 술수를 부려 황금을 차지한다. 그는 획득한 금을 대장장이인 미메에게 가져다주면서 반지를 만들라고 한다. 그런데 이 사실을 안 보탄은 알베리히의 황금을 빼앗아 자신의 성을 지어준 대금을 요구하는 거인족에게 넘긴다. 신들은 발할라 성에 입성하고, 인간과 신 사이에서 태어난 반신반인 로게는 신들의 횡포를 염려한다.

## 2부 첫 번째 밤, 발퀴레(Die Walküre)
## 초연 1870년 / 구성  3막

**등장인물**(1부 공연에 출연한 등장인물은 제외)

지크문트(Siegmund, 테너) : 보탄과 인간 여인 사이에 태어난 남자로 벨중족이다. 지클린데를 만나서 지크문트라는 이름으로 바뀐다.

지클린데(Sieglinde, 소프라노) : 훈딩이라는 남자와 강제로 결혼한 여인으로 도망자(지크문트)를 만나 사랑에 빠져 임신한다. 그리고 지크문트가 쌍둥이 오빠임을 알게 된다.

브륀힐데(Brünnhilde, 소프라노) : 보탄과 그의 애인인 여신 에르다가 낳은 아홉 딸(발퀴레들) 중 한 명으로 보탄이 가장 아끼는 발퀴레다.

### 줄거리

2부는 첫 번째 밤, 즉 제1야로 불리기도 한다. 〈발퀴레〉는 〈반지〉 4부작 중 가장 인기 있다. 줄거리는 이러하다.

부상을 입은 인간 지크문트는 자신을 받아준 집의 안주인인 지클린데에게 반한다. 지클린데의 아버지는 보탄으로 노퉁(Nothung)이라는 검을 남겨주면서 "이 검을 뽑는 자가 너를 구할 것이다"라고 말한다. 지크문트가 나무에 박힌 노퉁을 너무나 쉽게 빼내자 지클린데는 그가 자신이 따라야 할 사람이라는 것을 깨닫는다. 곧바로 둘은 사랑에 빠지고 달아난다.

그러나 사실 두 사람은 어린 시절 헤어진 남매였다. 남매이자 부부가 된 이들은 보탄의 계획 아래 태어난 인간이었던 것이다. 거인족에게 반지를 넘겼던 보탄은, 반지를 어떻게 사용하느냐에 따라 신들이 멸망할 수도 있다는 사실을 염려한다. 그는 불안한 마음에 신의 의지로부터 자유로운 인간을 만들고자 했는데, 그렇게 해서 태어난 이가 바로 지크문트다.

보탄의 아내이자 여신인 프리카는, "지크문트는 보탄이 의

도적으로 만든 만큼 신의 의지에서 벗어날 수 없다"고 말한다. 프리카에게 설득당한 보탄은 지크문트의 죽음을 막지 않기로 결심한다. 결국 지크문트는 죽게 되고 지클린데는 도망친다.

브륀힐데는 '발퀴레'라는 보탄의 아홉 명의 딸 중 한 명이며, 그녀들의 임무는 전 세계에서 용감한 전사들이 죽게 되면 그들의 영혼을 데리고와 발할라 성을 지키게 하는 것이다. 브륀힐데는 보탄이 가장 사랑하는 딸이지만 아버지 보탄의 뜻을 거역하고 지그문트를 구하려 한다. 보탄은 결국 브륀힐데를 신의 세상에서 인간의 세계로 내쫓게 되며, 그녀를 깊은 잠에 빠지게 만든 뒤 바위산의 정상에 놓아두고 주위를 타오르는 불길로 감싸게 한다.

## 3부 두 번째 밤, 지크프리트(Siegfried)
## 초연 1876년 / 구성 3막

등장인물(1부와 2부 공연에 출연한 등장인물은 제외)

지크프리트(Siegfried, 테너) : 지크문트와 지클린데 사이에서 태어난 인간 영웅이자 난쟁이족 미메의 양자. '두려움'을 모르는 용사다.

에르다(Erda, 콘트랄토) : 브륀힐데를 낳은 지혜의 여신이다.

난쟁이족의 대장장이 미메는 한 남자아이를 주워 기르는데, 그 소년은 바로 지크프리트다. 지크프리트의 엄마 지클린데는 도망치던 중 지크프리트를 출산하고 죽는다.

지클린데가 가지고 있던 검 노퉁의 부러진 조각들은 미메가 보관하고 있었다. 대장장이였던 그조차 검의 조각들을 다시 붙일 수가 없었으나, 지크프리트는 노퉁을 한 번에 붙이는 데 성공한다. 노퉁을 다시 붙일 수 있는 사람은 '두려움을 모르는 자'여야만 한다는 예언이 있었는데, 그가 바로 '두려움을 모르는 자'였기 때문이다.

미메는 지크프리트를 데리고 동굴을 찾는다. 용으로 변한 파프너에게서 반지를 빼앗기 위해서였다. 두려움을 모르는 지크프리트는 한칼에 용을 죽이고, 용은 죽어가면서 미메를 조심하라고 알려준다. 자신을 죽이려는 미메의 의도를 알아차린 지크프리트는 미메를 죽이고 바위산에 잠든 브륀힐데를 찾아간다.

용의 피를 뒤집어쓴 덕에 산새의 말을 알아들을 수 있었던 지크프리트는 산새들의 안내에 따라 산꼭대기로 올라가는데, 그곳의 불길을 뚫고 들어가 브륀힐데를 구하고 사랑에 빠진다.

## 4부 세 번째 밤, 신들의 황혼(Götterdämmerung)
## 초연 1876년 / 구성 서막과 3막

등장인물(1부와 2부, 3부 공연에 출연한 등장인물은 제외)

군터(Gunther, 바리톤) : 기비흉의 왕이며 매우 소심하다. 아버지가 다른 동생인 하겐에 의존하는 성향이 있다.

구트루네(Gutrune, 소프라노) : 군터의 여동생으로 지크프리트에게 반해 결혼한다.

하겐(Hagen, 베이스) : 군터의 동생이다. 그의 아버지는 알베리히였고, 하겐은 알베리히의 대를 이은 악의 상징이다.


줄거리

지크프리트는 황금 반지를 브륀힐데에게 주고, 브륀힐데는 애마(愛馬) 그라네를 지크프리트에게 준다. 지크프리트는 그라네를 타고 산을 내려간다.

인간 종족 중 하나인 기비흉족의 왕궁에 군터라는 왕과 여동생 구트르네 그리고 아버지가 다른 동생 하겐이 있었다. 브륀힐데를 마음에 두고 있던 군터는 그녀와 결혼하고 싶었다. 아버지 알베리히가 보탄에게 빼앗긴 반지를 되찾으려던 하겐은 그런 군터에게 묘책을 내놓는다. 계획은 이렇다. 과거를 잊게 하는 마법의 약을 지크프리드에게 먹인 후 구트르네에게 마음이 쏠린 틈을 타 둘을 결혼시키고, 지크프리트에게 구트르네를 내주는 조건으로 브륀힐데를 요구하기로 한 것이다.

신에서 인간이 되어 힘이 약해진 브륀힐데. 그런 그녀를 군터로 변장한 지크프리트가 범하고, 지크프리트라는 사실을 모르는 브륀할데는 어쩔 수 없이 군터와 결혼하는 상황으로 몰린다. 하지만 지크프리트가 변장한 것이라는 사실을 깨달은 브륀힐데는 배신감에 치를 떨면서 하겐에게 지크프리트의 약점은 등이라는 사실을 말해준다. 하겐은 브륀힐데의 말을 듣고 지크프리트를 죽인다. 결국, 지크프리트의 죽음으로 신들의 궁전은 화마 속으로 사라지고 신들 역시 운명한다. 브륀힐데는 반지를 낀 채로 불 속으로 몸을 던진다.

〈신들의 황혼〉은 〈반지〉 시리즈 중 가장 복잡하고 치밀한 구성을 갖고 있으며, 구성에 걸맞은 뛰어난 음악 역시 많다.

### 체크 포인트

• 〈니벨룽의 반지〉는 수많은 등장인물이 나오는 만큼, 그들의 관계를 정확히 파악하는 것이 중요하다. 처음엔 복잡하게 생각될지 몰라도, 마치 시리즈 영화를 보는 것 같은 규모 있고 탄탄한 전개에 마음을 빼앗기게 될 것이다.

• 유럽 왕가에서는 혈연을 강화하기 위해, 또는 정치적인 이유로 근친혼이 성행했다. 〈니벨룽의 반지〉에서도 근친혼의

예가 나온다. 보탄과 인간 사이에서 태어난 지크문트와 지클린데는 한 배에서 태어난 쌍둥이다. 그 둘 사이에서 낳은 아이가 지크프리트인데, 훗날 그와 사랑에 빠지는 브륀힐데의 아버지도 보탄이니 지크프리트는 고모나 이모와 사랑한 셈이다.

그런데 영웅 지크프리트가 결국에는 무엇 하나 제대로 이룬 것 없이 죽게 된다니, 인간의 생명과 삶이 과연 어떤 의미인지 다시 한 번 생각해보게 된다.

### 추천 영상물

〈니벨룽의 반지〉는 워낙 규모가 큰 오페라이므로 한 번 공연할 때마다 공연사가 다시 써진다고 해도 과언이 아니다. 그 중에서 전통적인 방식의 연출과 현대적 연출의 판본을 한 가지씩 꼽아보자.

4일간의 긴 행군을 펼쳐야 마무리되는 이 작품은, 다수의 가수들이 출연한다. 때로는 전날에 A배역을 했던 배우가 다음날에는 B배역을 맡기도 한다. 1990년 메트로폴리탄 오페라 실황이 그랬다. 〈라인의 황금〉에서 로게 역을 맡았던 지크프리트 예루살렘(Siegfried Jerusalem)이 〈지크프리트〉에서는 지크프리트 역을 맡았다. 1인 2역을 하는 가수가 맡은 인물들 간의 관계를 분석해 보는 것도 흥미로울 것이다. 단순히 배역이

여럿이다 보니 인건비를 줄이기 위해 한 가수가 겹치는 배역을 맡은 것이 아니고, 이들은 삶과 죽음 간에 얽히고설킨 관계를 맺고 있다. 이 판본은 원본을 자세하게 고증한 판본으로 호평받고 있다. 누군가가 바그너의 〈니벨룽의 반지〉를 보고 싶다면 주저 없이 추천할 수 있는 판본이다. 거인족, 난쟁이족, 반신반인, 신들의 분장 역시 매우 훌륭하다. 마치 영화 〈반지의 제왕〉이 무대 위에 올라 있는 듯한 느낌을 받을 수 있을 정도로 웅장하다.

현대적 연출로 각광 받은 판본은 2006년 로열 대니시 오페라 실황이다. 충격적인 장면이 돋보이는 이 판본에서는 반지가 아닌 팔찌가 등장한다. 난쟁이족에게서 팔찌를 빼앗기 위해 팔을 자르는 장면이라든가, 물이 가득 찬 수조에 피가 번지는 등 유혈 낭자한 연출로 관객에게 충격을 가했다. 이 판본은 참신한 시각 효과와 더불어 스티그 안데르센(Stig Andersen), 린다 왓슨(Linda Watson) 등 내로라하는 가수들이 마음껏 기량을 보여주고 있다.

만약 두 판본을 모두 볼 예정이라면 우선 메트로폴리탄 오페라 실황을 본 후에 로열 대니시 오페라 실황을 보는 것을 권하고 싶다. 그 외엔 1991년 바이로이트 페스티벌 실황이 잘 만들어진 판본으로 꼽힌다.

# 이집트에서 피어난 가슴 시린 사랑 이야기, 베르디의 〈아이다〉

이탈리아를 대표하는 작곡가 베르디는 앞에서 언급한 바와 같이 다수의 걸작을 남긴 것으로 유명하다. 오페라를 비롯한 클래식 장르에 대해 관심이 없는 사람일지라도 어딘가에서 베르디가 작곡한 곡을 들어보았을 확률이 높다.

## 아이다(AIDA)
### 초연 1871년 / 구성 4막

〈아이다〉는 뮤지컬 팬들도 잘 아는 작품이다. 브로드웨이 뮤지컬 〈아이다〉는 엘튼 존(Elton John)이 음악을, 팀 라이스

(Tim Rice)가 작사를 담당했다. 오페라와 뮤지컬이 장르가 다르듯 동명의 두 작품은 전혀 다른 음악을 선보인다. 오페라 〈아이다〉는 성악과 클래식 음악을 선보이는 반면, 뮤지컬 〈아이다〉는 록(rock)과 가스펠, 발라드 등 현대 음악으로 작곡되었으며, 등장인물들의 인종적인 특성을 반영하여 흑인 음악의 색도 짙다.

### 등장인물

아이다(Aida, 소프라노) : 에티오피아의 공주다. 이집트에 노예로 잡혀 온 아이다는 이집트의 장군 라다메스와 비밀 연인 관계다.

라다메스(Radamès, 테너) : 이집트의 용맹한 장군이다. 암네리스 공주의 잠정적인 남편감이지만 아이다와 연인 관계다.

암네리스(Amneris, 메조소프라노) : 이집트의 공주로 라다메스를 사랑한다.

아모나스로(Amonasro, 바리톤) : 에티오피아의 왕이자 아이다의 아버지다. 딸을 이용하여 이집트에 대한 복수를 계획한다.

### 줄거리

〈아이다〉의 배경은 이집트와 에티오피아 사이에서 분쟁이 한창이던 시기의 테베(Thebai)와 멤피스(Memphis)다. 본래 에티오피아의 공주였던 아이다는 이집트에 포로로 잡혀 이집트의 공주 암네리스의 수발을 들고 있었다. 한 국가의 공주가 적국 공주의 시녀로 전락해버린 상황이다 보니 자신의 신세를 비관할 만도 하지만, 아이다는 이집트의 장군 라다메스 때문에 어려움을 견딜 수 있었다. 두 사람은 여의치 않은 상황에서도 서로에 대한 굳건한 믿음으로 비밀 연애를 지속한다.

하지만 아이다와 라다메스 사이에 시련이 찾아온다. 암네리스가 라다메스에게 연정을 품고 있었던 것이다. 암네리스는 라다메스가 전쟁에서 승리하면 그와 결혼한다는 꿈에 부풀어 있으면서도 그에게 비밀의 연인이 있을 것이라 추측한다. 결국, 암네리스는 아이다와 라다메스가 연인 관계라는 것을 알아낸다.

한편, 라다메스는 전쟁에서 승리한 후 이집트로 돌아오고 에티오피아에서 포로들을 데려온다. 본격적인 위기는 그때부터 시작된다. 라다메스가 끌고온 포로들 사이에는 에티오피아 왕이자 아이다의 아버지인 아모나스로도 있었다. 가까스로 목숨을 건진 아모나스로는 딸과 감격적으로 재회하지만, 아이다가 라다메스와 연인 사이임을 알고는 딸을 설득해서 라다메스로부터 이집트의 군사 기밀을 알아내라고 한다. 아이다는 아버지의 청을 완강히 거부했지만, 아버지의 신랄한 비난을 견디지 못하고 결국 굴복한다. 라다메스는 사랑하는 여인의 부탁이기에 기밀을 누설한다. 이로 인해 라다메스는 반역죄로 체포되고, 아모나스로는 도주 중에 사망하며, 아이다는 실종된다.

비록 라다메스가 죄인의 신분일지라도 암네리스는 여전히 라다메스를 사랑하고 있었다. 그렇기에 암네리스는 라다메스를 설득해보려 했지만, 라다메스는 연인 아이다를 배신하기보다 죽음을 택한다. 결국 라다메스는 지하 감옥에 감금된다. 그런데 이게 어떻게 된 것일까? 사랑하는 여인 아이다가 그보다 먼저 지하 감옥에 있었다. 아이다는 라다메스가 지하 감옥에 감금되는 것을 알고는 그와 최후를 함께 하기 위해 미리 잠입했던 것이다. 두 사람은 서로의 사랑을 확인하고 서서히 죽어간다. 한편, 지상에서는 지하의 두 연인에 대해 알 길 없는 암네리스가 여전히 라다메스를 그리워하면서 노래한다.

음악

1막에서는 라다메스가 노예 아이다를 향한 자신의 비밀스런 애정을 담아 부르는 '천상의 아이다', 아이다가 에티오피아의 안위와 사랑하는 라다메스 사이에서 갈등하면서도 라다메스를 향해 부르는 '이기고 돌아오라'가 유명하다. 사랑하는 이의 품에 안겨 죽을 수 있게 된 것을 감사하면서 아이다와 라다메스가 함께 부르는 4막의 '죽음, 아름다운 것' 역시 아름다운 곡이다.

## 스펙터클

2막 2장의 행진 장면은 관객의 눈길을 사로잡는다. 연출가나 프로덕션에 따라 차이가 있지만, 전쟁에서 승리한 개선장군으로서 라다메스가 당당히 입장하고, 더불어 화려한 행렬이 이어진다.

가장 중요한 장면은, 4막 2장의 마지막 장면이다. 아이다와 라다메스가 지하에서 노래하고 암네리스가 지상에서 노래하는데, 무대 장치가 어떤 식으로, 얼마나 획기적으로 연출되느냐에 따라 연출가의 평가가 달라지기도 한다.

## 체크 포인트

• 〈아이다〉는 베르디가 은퇴를 생각하고 있던 시기에 이집트의 국왕 이스마일 파샤(Isma'il Pasha)로부터 의뢰받아 작곡한 오페라다. 당시, 국왕은 이집트에 건설 중인 수에즈 운하의 개통일에 맞추어 대작 오페라를 선보이고자 했던 것이다.

이 대작 오페라를 통해서 이집트의 문화적, 예술적 수준을 알리려던 파샤의 예상은 적중했다. 현재에도 이집트는 피라미드가 보이는 곳에서 〈아이다〉를 공연해 상당한 관광 수입을 올리고 있기 때문이다.

하지만 처음 오페라를 의뢰받았을 때 베르디는 내키지 않아 했고 수차례 거절했다. 그런 그의 마음을 돌린 것은 한 고고학자가 쓴 한 초고였다. 프랑스의 이집트학자 마리에트(François Auguste Ferdinand Marriette)가 이집트를 배경으로 쓴 〈아이다〉의 초고는 대본작가 로클(Camille du Locle)를 거쳐 베르디와 기슬란초니(Antonio Ghislanzoni)의 손안에서 대작으로 거듭난다. 〈아이다〉는 베르디의 말년에 만들어진 작품이지만, 이 작품을 필두로 베르디는 〈오텔로〉〈팔스타프〉 등의 작품을 쓰며 또 한 번의 전성기를 맞는다.

• 국내에서도 '오귀스트 마리에트 베이 원작의 『아이다』'라는 제목을 달고 어린이용, 성인용 소설로 출간되기도 했다. 원작은 짧은 글이었음에도 지속적으로 문학적 가치를 높여가고 있는 것이다.

### 추천 영상물

〈아이다〉는 최고의 테너들이 거쳐간 것으로도 유명하다. 먼저 루치아노 파바로티(Luciano Pavarotti)가 라다메스 역을, 마리아 키아라(Maria Chiara)가 아이다 역을 열연한 1986년 라 스칼라 실황을 꼽을 수 있다. 플라시도 도밍고(Placido Domingo)가 라다메스 역을, 에이프럴 밀로(Aprile Millo)가 아이다 역을 맡은 1988년 메트로폴리탄 오페라 실황도 손꼽힌다. 또한, 로베르토 알라냐(Roberto Alagna)가 라다메스 역을, 비올레타 우르마나 (Violeta Urmana)가 아이다 역을 맡은 2006년 라 스칼라 실황도 빼놓을 수 없다.

# 정열적으로 사랑하는 집시 여인, 비제의 〈카르멘〉

사랑은 아름답지만, 집착이 되면 살인까지도 서슴지 않는 무서운 감정으로 변하기도 한다. 오페라 〈카르멘〉에서는 정열적인 사랑을 즐긴 한 여인의 운명이 비극적으로 변하는 과정을 볼 수 있다.

### 카르멘(Carmen)
### 초연 1875년 / 구성 4막

작곡가 조르주 비제(Giorgio Bizet, 1838~1875)는 메리메(Prosper Mérimée)의 소설 『카르멘』을 오페라로 만든다. 소설 『카르멘』

은 다소 밋밋했지만, 비제의 손을 거친 오페라 〈카르멘〉은 음악이라는 훌륭한 옷을 입고 정렬적인 소재로 탈바꿈한다.

비제는 음악에 조예가 깊은 부모 밑에서 태어났다. 게다가 친척들 가운데에도 음악인이 있었다. 아버지는 음악교사, 어머니는 피아니스트, 삼촌은 가수였다. 이렇다 보니 그는 타고난 음악적 감각과 환경의 영향을 받아 뛰어난 음악인이 되었다.

그러나 너무나 영특했던 탓일까? 그는 시대를 앞서갔다. 비제가 살던 당시인 19세기 말 무렵, 오페라 극장은 귀족뿐 아니라 평민도 함께 관람할 수 있었다. 오페라 극장은 극 자체를 보러 오는 평민보다는 주로 신분이 높은 사람들이 사교의 장으로 애용했던 곳이었다. 이처럼 신분 높은 사람들이 모여 고상한 이야기를 주고받는 장소에서 〈카르멘〉처럼 파격적인 소재가 무대에 오르기는 어려웠다. 오페라라는 장르를 택하고 있다고 해도 〈카르멘〉은 왕족이나 귀족의 심기를 건드리기에 충분했다.

〈카르멘〉은 전도유망한 젊은 장교가 '카르멘'이라는 집시 여인을 만난 뒤 탈영, 도주, 도박, 밀매 같은 범죄를 저지르다가 결국엔 살인까지 하게 되는 내용이다. 그러다 보니 왕족과 귀족은 충성스런 군인을 범죄자로 몰고 가는 이 오페라를 원치 않았다. 당시 신분이 높은 여성에게는 정숙할 것을 요구했기에 카르멘의 행실은 용납하기 어려웠다. 결국, 극장에서는

〈카르멘〉을 무대에 올리지 못하도록 했다. 신분이 높은 사람들이 자신들의 관습에 맞추어 대중의 취향까지 결정하는 권력을 휘둘렀던 것이다.

〈카르멘〉을 공연하는 극장은 흥행의 참패를 맛보아야 했고, 〈카르멘〉은 파리에서 퇴출당하는 처지에 놓인다. 이 일로 말미암아 비제는 건강을 잃게 되었다. 그는 37세라는 나이에 요절하는데, 〈카르멘〉 사건으로 인하여 충격과 스트레스가 겹친 것이 원인으로 꼽힌다. 그런데 이게 웬일인가? 프랑스에서 배척당하던 〈카르멘〉이 오스트리아에서는 대단한 히트를 기록한 것이다. 그 후 〈카르멘〉은 프랑스로 역수입되는 상황이 벌어지고 현재까지도 대중의 사랑을 받는 최고의 오페라 중 한편으로 남아 있다.

### 등장인물

카르멘(Carmen, 메조소프라노) : 담배공장 여공으로 집시다. 사랑에는 정열적이지만 권태를 잘 부린다.

돈 호세(Don Jose, 테너) : 연병대 군인. 카르멘 때문에 탄탄한 앞길을 망치고 결국 파멸로 치닫는다.

에스카미요(Escamillo, 바리톤) : 투우사. 카르멘의 마지막 사랑이다. 남자답고 이해심이 넓다.

미카엘라(Micaela, 소프라노) : 돈 호세의 약혼녀로 순진한 시골 처녀다.

추니가(Zuniga, 베이스) : 연병대의 대장이다.

줄거리

에스파냐의 세비야에 위치한 담배 공장이 있다. 담배를 만
드는 공정에는 증기로 찌는 단계가 있고 이로 인해 여공들은
더위에 시달린다. 그녀들은 쉬는 시간이 되면 공장 밖으로 나
와서 한숨 돌리면서 담배도 피우고, 잡담을 나누기도 한다. 더
운 환경에서 일하다 보니 여공들은 옷을 풀어헤치거나 치마
를 걷어 올리기도 하는데, 그 광경을 보기 위해 마을의 남자들
이 몰려들곤 한다. 훔쳐보는 남자들을 저지하고 여공들을 관
리하기 위해 담배 공장 밖에는 몇몇 군인들이 보초를 서기도
한다.

뛰어난 미모의 카르멘은 여공들 중에서도 가장 인기가 높
다. 그녀를 향해 여러 남자들이 추파를 던지지만, 오직 한 사
람 돈 호세만이 그녀를 외면한다. 돈 호세는 전도유망한 군
인으로서 고향에는 어머니가 있고 미카엘라라는 약혼녀
도 있다. 카르멘은 돈 호세의 반응에 흥미를 느껴 '하바네라
(Habanera)'를 부르고 그를 유혹한 후 모습을 감춘다. 카르멘이
강렬한 하바네라를 부르고 사라지자 미카엘라가 모습을 드러
내고 카르멘과 대조되는 여성스런 아리아를 부른다.

그런데 잠시 후 소동이 벌어진다. 카르멘이 한 여공과 시비가 붙고 몸싸움으로 번진 것이다. 체포당한 카르멘을 돈 호세가 호송하는데, 카르멘은 돈 호세를 유혹하고 탈출에 성공한다. 카르멘의 유혹에 넘어간 돈 호세는 호송에 성공하지 못한 대가로 감옥 신세를 진다.

돈 호세가 나올 무렵, 카르멘은 투우사 에스카미요를 만난다. 투우사 에스카미요는 인망이 두터운 인물로 카르멘은 그에게 관심이 있지만 돈 호세의 출감을 알고 있었기에 출소를 기다린다. 그 후 군인의 신분을 잃은 돈 호세는 카르멘을 따라 집시들과 어울리며 밀수 행위를 한다. 문제는 두 사람의 사랑이 영원하지 않았다는 것이다.

카르멘은 점을 친다. '점을 치는 것'은 오페라나 발레에서 매우 중요한 복선이다. 비극적인 점괘는 엇나가지 않는다. 아니나 다를까. 카르멘에게 죽음의 점괘가 나온다. 이런 상황에서 미카엘라가 산속을 헤매면서 돈 호세를 찾는다. 더불어 에스카미요도 온다. 에스카미요는 카르멘에게 반한 상태였고 도저히 그녀를 잊을 수 없어 직접 찾기 시작했던 것이다.

돈 호세와 에스카미요는 카르멘을 두고 결투를 하고, 산적 일당이 에스카미요를 구해주는 것으로 일단락된다. 에스카미요는 카르멘 무리가 투우를 관람하도록 초대한 뒤 떠난다. 돈 호세도 어머니가 편찮다는 미카엘라의 설득에 산을 내려간다.

얼마 후 카르멘은 에스카미요를 만나고 둘은 사랑하게 된다. 에스카미요와 카르멘이 화려하게 입성한 가운데 초췌한 모습의 돈 호세가 나타난다. 그는 카르멘을 만나 위협과 애원을 반복한다. 그러나 돈 호세의 위협 앞에서도 그녀는 끝까지 에스카미요에 대한 사랑을 부인하지 않는다. 권태가 심하고 속박당하기 싫어하는 카르멘이지만, 에스카미요에 대한 사랑은 달랐다.

에스카미요에 대한 사랑을 지키면서도 돈 호세에 대한 죄책감도 작용했던 것일까? 카르멘은 칼을 들고 위협하는 호세 앞에서도 자신의 사랑을 굽히지 않고, 결국 돈 호세의 칼에 맞아 죽는다.

### 음악

〈카르멘〉은 감상 도중 놀랄 정도로 귀에 익숙한 음악들을 듣게 된다. 특히 '하바네라'로 잘 알려진 '사랑은 들새 같아서'는 카르멘의 시선을 압도하는 성적 매력이 두드러진 곡이다. 그 외에 서곡이나 합창곡들도 텔레비전 광고에서 종종 듣던 음악이기에 쉽게 작품에 접근할 수 있다.

### 스펙터클

4막 초입의 투우장 입장 장면은 이 오페라의 명장면이다.

힘찬 행진곡과 함께 입장하는 투우사들은 남성미를 뽐내고 있으며, 그의 시종들과 애인들은 화려하게 치장하고 있다. 카르멘이 목숨을 잃기 전, 가장 아름답게 치장하고 나타나는 장면이기도 하다.

### 체크 포인트

• 카르멘의 실제 모델은 클럽 여가수였던 베나르드(Celeste Venard)라는 설이 유력하다. 비제와 베나르드는 실제로 아주 친한 친구 사이였다고 한다.

• 〈카르멘〉은 어울리지 않는 두 남녀의 비극적인 사랑 이야기지만, 남과 북의 대립이라는 전혀 다른 해석도 가능하다. 에스파냐는 지역감정이 심한 나라 중 한 곳으로 꼽히는데, 카르멘은 남부 출신 집시 여성이고 돈 호세는 북부 출신 군인이다. 자유로운 성격의 남부 출신 카르멘과 규율을 지키려는 북부 출신 돈 호세의 성격은 서로 맞지 않았던 것이다. 하지만 돈 호세 역시 이성으로 제어할 수 없는 감정으로 인해 카르멘에게 반해버렸다.

• 팜므파탈(femme fatale)은 남성을 유혹해서 파멸에 이르게 만드는 여성을 의미한다. 카르멘 역시 강렬하고 자유분방하며 정열적인 팜므파탈의 전형이다.

프랑스어 팜므(femme)는 '여성'을 뜻하며, 파탈(fatale)은 '치명적인' '운명적인'이라는 뜻이다. 하지만 우리가 일반적으로 팜므파탈이라고 말할 때에는 운명적인 여인보다 치명적인 여인이라는 의미로 사용하는 경우가 많다. 치명적인 매력으로 남성을 유혹하고 곤경에 빠뜨리고는 아무런 거리낌 없이 다음 목표물을 찾아 나서는 여성이 팜므파탈의 전형이다. 유혹 당하는 남성 쪽에서도 유혹에 넘어가서는 안 되는 것을 알면서도 넘어가게 되는, 거부할 수 없는 매력을 가진 여성이 바로 팜므파탈이다.

카르멘은 오페라사에 길이 남을 강력한 팜므파탈 캐릭터다. 카르멘이 여타의 오페라 속 여주인공과 달리 메조소프라노인 것도 이런 강렬한 카리스마를 바탕으로 한 매력을 더 잘 이끌어내기 위함이다.

하지만 그런 카르멘에게도 운명적인 사랑이 존재했다. 마지막 연인이었던 에스카미요를 사랑했던 것이다. 카르멘은 위급한 상황에서도 돈 호세에게 목숨을 구걸하지 않았다. 카르멘의 평소 행실대로라면 얼마든지 돈 호세를 속이고 위기를 모면했을 것이다. 하지만 그녀는 에스카미요를 사랑하고 있음을 당당하게 선언하고 돈 호세의 칼에 맞아 죽는다. 어쩌면 돈 호세의 손에 죽는 것이 자신의 운명이라고 생각했을지도 모른다. '죽음'의 점괘가 나왔을 때 이미 앞날을 예상했을 수도 있다. 그녀의 마음이 어느 쪽이든, 그녀가 보여준 정열적인 사랑의 방식은 오래도록 기억에 남을 것이다.

### 추천 영상물

〈카르멘〉은 다양한 판본이 있다. 1967년 스튜디오판에서
는 메조소프라노 그레이스 범브리(Grace Bumbry)가 카르멘 역
을 맡았다. 오래된 판본임에도 불구하고 화질이 뛰어나다.
1987년 메트로폴리탄 오페라 실황에서는 아그네스 발차(Agnes
Baltsa)가 카르멘을 열연했다.

하지만 최고의 카르멘은 안나 카타리나 안토나치(Anna
Caterina Antonacci)다. 2007년 로열 오페라 실황에서 공연한 그
녀는 카르멘의 성적 매력을 최대치로 끌어올렸고, 지울 수 없
는 인상을 남겼다. 몸을 사리지 않고 정열적인 연기를 보여준
그녀 덕에 이후 카르멘을 맡은 여가수들은 밋밋한 느낌을 지
울 수 없다.

현재 최고의 메조소프라노라고 평가받는 엘리나 가랑차 역
시 카르멘 역을 맡았지만 캐릭터의 매력을 온전히 발휘하지
는 못했다. 가랑차가 열연한 판본은 2010년 뉴욕 메트로폴리
탄 오페라 공연 실황이다. 가랑차의 상대역인 돈 호세 역에는
로베르토 알라냐가 열연했는데, 그 역시 최고의 평은 받지 못
했다. 안토나치가 최고의 카르멘 역으로 평가받는 것처럼, 돈
호세 역은 요나스 카우프만(Jonas Kaufmann)이 호평받았기 때문

이다.

　가랑차와 알라냐라는 최고 가수들의 만남에도 기대에 못
미치는 평을 받은 이유는 따로 있다. 본래 카르멘 역은 최고
의 실력과 더불어 뛰어난 미모를 자랑하는 안젤라 게오르규
(Angela Gheorghiu)가 내정되어 있었다. 한때 부부였던 알라냐와
게오르규는 이혼을 겪으면서 사이가 나빠졌고, 결국 게오르
규 쪽에서 출연 거부를 통보해 왔다. 알라냐와 게오르규 커플
의 재회를 무대 위에서나마 볼 수 있기를 바랐던 관객은 가랑
차와 알라냐가 아무리 열연해도 갈증을 느낄 수밖에 없었던
것이다. 일각에서는 가랑차가 카르멘답지 않게 몸을 사리는
연기를 했다는 지적도 있다. 카르멘치고 너무 점잖을 떨었다
는 것이다. 물론, 카르멘을 어떤 식으로 해석할지는 전적으로
가수와 연출가, 극장의 몫이다. 그러나 관객이 부족함을 느꼈
다면, 그들이 원하는 카르멘의 이미지가 따로 있었다는 의미
다. 특정 캐릭터의 틀을 하나로 규정짓는 것은 매우 위험한 일
이지만, 그만큼 안토나치의 카르멘이 강렬한 인상을 남긴 것
은 부인할 수 없다.

# 엇갈린 남녀의 사랑 그리고 비극,
차이콥스키의 〈예브게니 오네긴〉

러시아의 아름다운 경관을 배경으로 한 푸시킨(Aleksandr Sergeevich Pushkin, 1799~1837)의 소설 『예브게니 오네긴』이 차이콥스키에 의해 서정미와 세련미가 적절히 조화된 수준 높은 오페라로 재탄생했다.

오페라 〈예브게니 오네긴〉은 남녀의 엇갈린 사랑으로 인해 주변 인물들에게 일어나는 비극적인 사건들을 사실적으로 묘사했다. 오페라 속 남녀 주인공의 사랑은 이루어지지 않지만, 주변에서 흔히 일어날 수 있을 법한 일이기에 더욱 사실적이다. 이 작품을 감상하면, 누군가를 사랑할 때 상대방도 동시에 자신을 사랑해주는 것이 얼마나 기적이고 감사한 일인지 깨닫게 된다. 분명 타티아나와 오네긴은 서로를 사랑한다. 다만 둘은 각각 다른 시기에 상대방을 사랑했고, 그렇기에 통탄할 만큼 후회하게 된다.

## 예브게니 오네긴(Eugene Onegin, Yevgeny Onyegin)
## 초연 1879년 / 구성 3막

교향곡, 발레 음악, 오페라까지 여러 장르의 음악을 작곡한 차이콥스키(Pyotr Tchaikovsky, 1840~1893)는 음악뿐 아니라 문학에도 조예가 깊었다. 그는 상당히 내성적이었으며 부인과의 사이도 좋지 않았다. 결국 그는 자살시도까지 하게 되고 결혼 생활은 끝나버린다. 그는 갑작스런 죽음을 맞았는데 죽음의 원인에 대해서는 지금까지도 의견이 분분하다. 공식적인 사인은 콜레라로 알려져 있다.

그의 사생활은 다른 예술가들에게 예술적 영감을 주어 작품화되기도 했다. 에이프만(Boris Eifman)이 안무한 드라마틱 발레 〈차이콥스키: 삶과 죽음의 미스터리(Tchaikovsky: The Mystery of Life and Death)〉에서는 차이콥스키와 그를 둘러싼 인물들의 비극이 잘 드러나 있다. 특히 갈등하는 차이콥스키의 내면을 인물화하여 표현한 점은 높이 평가받는다.

푸시킨은 러시아의 문학가로 다양한 문학 작품을 남겼고, 그의 작품인 〈예브게니 오네긴〉 〈스페이드의 여왕(Spade

Queen)〉등은 오페라로 제작되었다. 실제로 푸시킨은 발레와 오페라의 팬이었다고도 전해진다.

### 등장인물

타티아나(Tatiana, Tatyana, 소프라노) : 문학을 좋아하는 순진한 시골 처녀다. 예브게니 오네긴을 보자마자 사랑에 빠지지만, 현실 속의 연애에 대해서는 잘 알지 못한다.

오네긴(Onegin, 바리톤) : 순진하게 사랑을 고백해 오는 타티아나를 무시하지만, 수 년 후 성숙하고 세련된 모습으로 변한 타티아나의 모습에 반하고 과거의 실수를 후회한다.

렌스키(Lensky, 테너) : 타티아나의 여동생 올가의 약혼자로 서정적인 시인이고 진지한 사랑을 하는 인물이다.

올가(Olga, 메조소프라노) : 타티아나의 여동생으로 렌스키와 약혼했다.

그레민 공작(Prince Gremin, 베이스) : 퇴역장군이자 부호, 타티아나의 남편이다.

### 줄거리

러시아의 시골, 남편을 잃고 홀로 된 라리나 부인에게는 타티아나와 올가라는 아름다운 두 명의 딸이 있다. 지주의 집안이었기에 생활은 어렵지 않다. 올가는 일생을 함께 보낼 연인인 시인 렌스키와 결혼할 예정이다. 반면, 타티아나는 책 속의 연애사만 알고 있는 문학소녀로 현실의 사랑에 대해서는 아는 바가 없다. 어느 날, 렌스키가 올가를 방문하면서 친구를 데려오는데, 그 친구가 바로 이 오페라의 주인공 오네긴이다.

타티아나는 오네긴에게 첫눈에 반하고 그날 밤을 하얗게 새우며 고백 편지를 써 내려간다. 하지만 다시 만난 오네긴은 타티아나의 순진함에서 비롯된 행동을 신랄하게 비판한다. 처음 본 사람에게 무턱대고 사랑을 고백하는 타티아나가 세련되지 못한 시골 처녀로 보였던 것이다.

타티아나의 집에서 열린 파티에 렌스키와 함께 참석한 오네긴은 올가와 춤을 춘다. 오네긴으로서는 타티아나를 피할 수도 있고 렌스키를 놀릴 수도 있어서 일석이조다. 그런 오네긴의 행동은 렌스키의 오해를 산다. 결국 렌스키는 오네긴에게 결투를 신청한다. 오네긴은 렌스키의 결투를 받아들이고, 결투 끝에 렌스키는 사망한다. 렌스키가 신청한 결투에 정당한 방법으로 대응했기 때문에 오네긴은 처벌되지 않지만 친구를 죽인 충격으로 인해 유럽으로 떠난다.

몇 년 후 고향에 돌아온 오네긴은 자신의 먼 친척인 그레민 공작의 파티에 참석한다. 그레민 공작은 나이가 지긋한 퇴역 장교로 대단한 부호면서도 배려 깊고 관대한 인물이다. 그런데 이게 웬일인가? 공작의 부인이 타티아나였던 것이다. 타티아나는 더 이상 세상 물정 모르는 시골 소녀가 아닌 기품 있고 우아한 공작 부인이 되어 있었다. 그녀는 사교계의 여왕으로서 자신의 역할을 충실히 소화한다. 오네긴은 마음 깊은 곳으로부터 타티아나에 대한 감정이 불타오른다. 한때는 자신에게 반해서 구구절절 연애편지를 쓰던 소녀가 세련되고 아름다운 여인으로 변해 있으니 후회가 막심했던 것이다. 오네긴은 자신의 감정을 참지 못하고 타티아나에게 밀회를 청한다.

불과 수년 만에 입장이 뒤바뀐 두 남녀의 만남은 묘한 긴장감마저 준다. 오네긴은 타티아나에 대한 마음을 털어놓으며 자신의 어리석음을 사과한다. 그의 고백을 듣는 타티아나의 마음은 찢어질 듯 괴롭다. 그녀는 어떤 선택을 했을까? 그녀는 흔들리는 마음을 추스르고 오네긴을 거절한다. 그리고 오페라는 장중히 막을 내린다.

### 체크 포인트

• 푸시킨의 외할아버지는 아비시니아 출신 흑인 귀족으로 표트르 대제의 측근이었다. 푸시킨의 사진을 보면 그의 인종적인 특징을 잘 알 수 있다. 표트르 대제는 푸시킨의 외할아버지를 매우 아꼈다고 한다.

푸시킨은 의외의 사건에 휘말려 목숨을 잃었다. 네덜란드 공사의 양자인 단테스(Georges d'Anthès)는 푸시킨의 아내 곤차

로바(Nataliya Nikolaevna Goncharova, Natalia Pushkina)에게 구애한다. 푸시킨은 이 일로 인하여 심각한 속앓이를 했다고 한다. 푸시킨의 감정은 극으로 치달아 단테스와 결투하려 하지만, 단테스는 황당하게도 그녀의 언니와 결혼해 버린다. 결투를 신청한 푸시킨만 곤란한 상황이 된 것이다. 그런데 단테스는 계속해서 푸시킨의 아내에게 구애하였다.

러시아 상류사회에서 이들의 이야기는 큰 화제를 불러일으킨다. 저명한 문인 푸시킨이 부인의 애인으로 인하여 가십거리로 전락해버린 것이다. 결국 푸시킨은 단테스에게 또다시 결투를 신청하고 그 결과 사망한다. 렌스키와 같은 운명이 된 것이다. 일각에서는 푸시킨을 러시아 황실에서 몰아내기 위한 음모였다는 설도 있었다.

• 이 작품은 영화와 발레로도 유명하다. 특히 러시아의 설경이 장관인 영화버전 오페라는 많은 클래식 애호가들의 마음을 달구었다. 발레 〈오네긴〉은 존 크랑코(John Cranko)라는 유명 안무가의 작품이다.

• 오네긴도 중요하지만 렌스키의 사랑 역시 상징하는 바가 크다. 그의 사랑은 오네긴의 교만한 이기주의와 대조되면서 순수의 절정을 보여준다. 한 여자에 대한 진심을 증명하기 위해 목숨을 거는 렌스키. 그에 비해 상황에 떠밀려 결투에 나가는 오네긴. 두 사람의 심성은 애초부터 너무나 다르다.

보통 오네긴 역을 맡은 가수는 카리스마 있고 잘생긴 호남형이 많고, 렌스키 역의 가수는 후덕한 인상이 많다. 때문에 오페라의 초반, 오네긴과 렌스키의 외적인 매력 대결에서는 오네긴이 압승한다. 하지만, 오네긴과 렌스키의 인성이 겉으로 드러나면서부터 관객은 렌스키에 대한 호감이 높아진다.

자신이 거절했던 여자에게 도리어 사랑을 고백하는 오네긴의 성격은 여러 가지로 해석할 수 있다. 오네긴의 저돌적인 면은 기분 나쁠 정도로 황당하면서도, 한편으로는 매력적으로 비친다. 한 소녀에게 지울 수 없는 상처를 주고도 도리어 당당하게 고백하는 그의 모습이 마냥 미울 수만은 없는 것은, 오네긴 역시 엄청난 용기가 필요했을 것이기 때문이다. 예전의 오네긴이었다면 자신의 체면을 먼저 생각해서 타티아나에 대한 마음을 숨겼거나, 다른 방법으로 타티아나를 유혹하려 했을 것이다. 하지만, 그는 자신이 거절당할 수 있다는 것을 염두에 두고도 타티아나에게 다가간다. 과거의 자신이 잘못된 판단을 내렸다는 것 그리고 현재의 자신은 과거의 인물과 다르다는 것을 타티아나에게 증명하고 싶었던 것이다.

타티아나의 겉모습은 예전과 달리 세련됐지만, 그녀의 인성은 변함없이 따뜻하다. 그러기에 그녀는 오네긴의 진심을 알 수 있었고 그를 거절하면서 괴로워한다. 그녀는 한때 사랑에 빠졌던 오네긴 대신, 현재 자신의 곁에 있는 그레민을 택한다. 무엇이 현명한 선택인지는 알 수 없다. 하지만 두 사람의 사랑은 어긋나버렸고 그로 인해 서로에게 상처를 남긴다.

## 음악

1막 '편지의 장면'에서 오네긴에게 반한 타티아나는 밤을 새워 편지를 쓰며 노래한다. 순진한 처녀의 모습에 웃음 지을 수밖에 없으면서도 상대방을 전혀 고려하지 않은 무모함에 긴장되는 장면이다. 2막 '어디로 떠났나, 나의 젊음은?'은 오네긴과의 결투를 앞둔 렌스키가 부르는 아리아로 약혼녀 올가에 대한 절절한 사랑을 담고 있다. 렌스키라는 인물의 순수함과 진실함이 두드러지는 노래다.

## 스펙터클

2007년 메트로폴리탄 실황을 보면 무대 위에 자연을 최대한 옮겨 놓으려고 고심한 흔적을 볼 수 있다. 게다가 고급스럽고 우아한 방법으로 옮겨 놓아 한 편의 회화를 보고 있는 듯한 느낌을 들게 한다. 시간이 흐르는 것을 표현할 때 오네긴 역을 맡은 가수 드미트리 흐보로스토프스키(Dmitri Hvorostovsky)가 무대 위에서 의상을 갈아입는데, 이 장면 역시 상당히 신선한 시도였다.

## 추천 영상물

〈예브게니 오네긴〉의 필수 감상 판본은 1988년 영화판이다. 러시아의 광활한 설경을 무대로 펼쳐지는 대작 영화지만, 아쉽게도 배우들은 가수가 아닌 영화배우들이다. 하지만, 어찌나 열연을 펼치는지 꼭 이들이 직접 노래 부른 것 같은 느낌을 지우기가 어려울 정도다.

오페라 영상물로는 2007년 메트로폴리탄 오페라 실황을 꼽는데, 로버트 카슨(Robert Carsen)이 연출했다. 이 판본은 고전적 분위기로 연출했으며, 무대가 매우 아름답다. 계절의 바뀜, 시간의 흐름, 인물의 성격변화 등을 무대 연출로 상세하고 세련되게 보여준다. '은발의 카리스마'라는 별명을 지닌 흐보로스토프스키가 오네긴을, 미국의 소프라노 르네 플레밍(Renée Fleming)이 타티아나를 불렀다. 두 가수의 우아한 연기와 안정적인 노래가 매우 인상적인 판본이다.

또 다른 판본으로는 안드레아 브레트(Andrea Breth)가 현대적으로 연출한 2007년 잘츠부르크 페스티벌 실황이다. 페터 마테이(Peter Mattei), 안나 사무일(Anna Samuil)이라는 다소 생소한 가수들이 각각 오네긴과 타티아나를 맡았다. 이 판본에 얽힌 일화가 있다. 사실 타티아나를 안나 네트렙코가 부르기로 했는데 갑작스레 취소했다고 한다. 그로 인하여 대신 투입된 소프라노가 바로 안나 사무일이다. 그녀에게 별다른 기대를 않고 있던 비평가들과 관객은 그녀의 뛰어난 실력에 환호를 보낸다. 한 비평가는 "한 안나가 축제를 망쳤고, 다른 안나가 축제를 살렸다"라고까지 평했다고 한다. 오네긴 역의 마테이 역시 교만과 후회를 오가는 주인공의 복잡한 심경을 흠 없이 연기했으며 노래 또한 무척 중후했다. 사무일은 러시아 출신 소프라노인데, 현대판 타티아나로서 최선을 다해주었다.

고전적인 연출에서는 타티아나가 손으로 편지를 쓰는데, 이 판본에서는 타자기로 편지를 쓴다. 이 장면으로 인해 그간 시골스럽게만 연출되었던 타티아나가 깜찍하고 참신한 소녀의 매력을 과시하는 데 성공했다.

# 소녀 팜프파탈, 마스네의 〈마농〉

갖고 싶은 것도 많고, 끼도 넘치는 소녀. 그녀는 치명적인 매력을 가진 데다가 성격은 자유분방하다. 부모는 이 소녀를 걱정하지만 통제하기는 역부족이다. 그녀의 이름은 바로 '마농'이다.

오페라 〈마농〉은 프랑스의 소설가 프레보(Abbe Prevost)의 소설 『기사 데 그뤼와 마농 레스코의 이야기(L'histoire du chevalier des Grieux et de Manon Lescaut)』가 원작이다. 작곡가 마스네는 이 소설을 오페라로 만들었는데, 사실 오베르(Daniel Auber)와 푸치니도 『마농』을 소재로 한 오페라를 썼다. 치명적 매력을 가진 어린 소녀는 예술가들에게 좋은 소재였던 것이다.

〈마농〉은 〈카르멘〉처럼 팜므파탈을 소재로 하지만, 〈카르멘〉과는 다르다. 어리고 순수해 보이는 외모를 가진, 하지만 알고 보면 당돌하기 그지없고 이기적인 마농. 그런 그녀의 비극적인 사랑 이야기를 들어보자.

## 마농(Manon)
### 초연 1884년 / 구성  5막

마스네(Jules Massenet, 1842~1912)는 오페라 창작에 전념했던 작곡가다. 어머니에게 피아노를 배운 것을 시작으로 파리 음악원에 입학하면서 체계적인 음악 교육을 받았다. 20세 이전에 피아노, 화성학, 푸가 부문에서 1위를 기록하는 등 뛰어난 재능을 보였으며, 음악가로 성공한 이후에는 드뷔시 등 후학을 양성하는 데 힘썼다. 대표작으로는 〈마농〉〈타이스〉〈베르테르(Werther)〉 등이 있다. 〈카르멘〉의 작곡가 비제의 영향을 많이 받았다고 알려졌다.

### 등장인물

마농 레스코(Manon Lescaut, 소프라노) : 어린 나이에도 남성을 유혹하는 재주가 있는 아름다운 외모의 소녀다.

기사 데 그뤼(Le Chevalier des Grieux, 테너) : 마농의 연인으로

그녀를 위해 탄탄대로의 삶을 포기한다.

백작 데 그뤼(Le Comte des Grieux, 베이스) : 데 그뤼의 아버지다. 아들을 옳은 길로 인도하기 위해 노력하지만 역부족이다.

레스코(Lescaut, 바리톤) : 마농의 사촌오빠로 마농을 이용해 돈벌이를 한다.

기요 드 모르폰텐(Guillot de Morfontaine, 테너) : 재무관, 늙은 귀족으로 마농의 애인이다.

### 줄거리

프랑스 북부 시골 마을 출신인 마농. 마농의 아름다움과 주체할 수 없는 끼로 인해 부모는 늘 걱정한다. 딸의 넘치는 끼를 도저히 통제할 수 없던 부모는 급기야 마농을 수녀원에 보내기로 결정한다. 마농은 수녀원으로 가던 중 한 여관에서 젊은 기사 데 그뤼와 만나 그를 유혹하고 함께 도망쳐버린다.

둘은 함께 살았지만 그 생활은 오래가지 못했다. 사치가 지나쳤던 마농은 데 그뤼와의 생활에 실증을 느끼고 한 부자의 애첩이 되어 사교계에 데뷔한다. 하지만 변덕이 심한 마농은 다시 데 그뤼를 찾아 나선다. 당시 데 그뤼는 마농으로부터 받은 마음의 상처를 치유하고 수도원에서 수도사가 되었는데, 마농은 수도원까지 찾아가서 그를 다시 유혹한다. 결국 데 그뤼는 수도사 생활마저 포기하게 된다.

사랑만으로 둘만의 생활이 다시 시작되는 듯 했지만, 가난은 이길 수가 없었다. 두 사람은 돈을 벌기 위해 불법을 행했고, 결국 데 그뤼는 사기 도박죄로, 마농은 매춘으로 체포된다. 데 그뤼는 아버지로 인해 풀려나지만, 마농은 그 시절 매춘부들이 그랬던 것처럼 신대륙으로 유배를 떠나게 된다.

마농을 잊지 못한 데 그뤼는 유배지로 떠나는 배에 몰래 타고, 결국 마농은 최악의 비참한 상황 속에서 데 그뤼의 품에 안겨 사망한다.

## 음악

1막의 '난 아직 멍해요', 2막의 '안녕, 우리의 작은 탁자여'를 부를 때까지만 해도 관객은 마농의 철없음과 이기심에 혀를 내두르지만, 3막의 '내가 거리에 나가면'과 4막의 '가거라, 달디 단 환상이여'까지 들으면 더 이상 마농을 비난할 수 없게 된다. 마농을 둘러싼 남성들의 유혹과 도덕적 해이가 그녀의 타락에 크게 작용했다는 것을 깨닫게 되기 때문이다.

## 스펙터클

〈마농〉은 한 장면 한 장면이 소중한 작품이다. 그중에서도 마농의 의상을 눈여겨보자. 마농의 의상은 그녀가 처한 경제적 상황과 밀접한 연관이 있기 때문이다. 부모로부터 도망칠

때, 데 그뤼와 몰래 살림을 차렸을 때, 경제적으로 어려울 때, 애인이 생겼을 때 그리고 비참한 최후를 맞게 될 때의 의상 변화를 보면 음악을 듣기만 할 때보다 훨씬 깊게 작품에 몰입할 수 있다.

### 체크 포인트

• 고전 작품이나 오페라, 발레 작품에는 종종 수녀원이 등장한다. 여기서 말하는 수녀원은 수녀가 되기 위한 종교단체라고 보기엔 무리가 있다. 결혼하기 전까지 소녀들을 순결한 상태로 남겨두기 위해 보내는 기관이라고 보는 것이 더 옳다. 외부인의 출입이 통제되었던 그곳은 일종의 감옥과도 같았다. 고아원에서 자란 소녀들이 강제로 보내지기도 했으며, 그곳에 신랑이 방문해서 아내를 고르기도 했다. 신랑 중에는 신부보다 서너 배 나이가 많은 노인도 있었다. 〈마농〉의 경우, 마농이 걷잡을 수 없이 남자들에게 교태를 부리기 시작하자 부모는 어쩔 수 없이 최후의 수단으로 그녀를 수녀원에 보낸 것이다.

• 원작 소설 『마농』의 줄거리는 오페라와 비슷하지만 구성이 조금 다르다. 소설에는 이야기를 전달하는 화자가 등장하며, 화자가 만난 청년이 바로 데 그뤼다. 미국에 호송되었던 마농과 함께 쫓기다가 마농은 죽고 데 그뤼는 친구의 도움으

로 귀국한다. 귀국하고 나서, 데 그뤼는 아버지가 돌아가셨다는 이야기를 듣는다. 아버지는 데 그뤼가 일으킨 사건 때문에 상심한 나머지 별세한 것이다. 소설은 이렇게 끝을 맺는다.

### 추천 영상물

오페라 〈마농〉을 보면, 화려한 무대 의상은 말할 것도 없고 가수들의 아름다운 노래에 눈물이 저절로 나온다. 〈마농〉은 르네 플레밍이 마농 역을 맡은 2001년 바스티유 극장 실황과 나탈리 드세이(Natalie Dessay)가 마농 역을 맡은 2007년 리세우 대극장 실황이 좋은 평을 받았다.

2007년 안나 네트렙코가 부른 베를린 슈타츠오퍼 실황은 화려한 의상과 현대적 연출이 돋보인다. 특히 의상으로 각 인물들의 성격적 특성을 상징화하여 큰 호평을 받았다. 그러나 네트렙코 특유의 묵직한 느낌으로 인해 마농의 톡톡 튀는 매력은 잘 드러나지 않았다.

데 그뤼의 경우, 리세우 대극장 실황과 베를린 슈타츠오퍼 실황 모두 롤란드 비야손이 맡았다. 두 실황을 비교해서 보는 것도 흥미롭다.

# 욕망과 성결의 갈등, 과연 그 결말은?
## 마스네의 〈타이스〉

　　오페라 〈타이스〉의 주인공 타이스는 알렉산더 대왕 시절 실존했다고 전해지는 무희다. 그녀의 아름다움과 뇌쇄적 매력에 빠진 남자들은 하나둘 가산을 탕진하였고, 마침내 도시 전체가 타락했다고 한다. 소설가 아나톨 프랑스(Anatole France)는 타이스에 대한 소설을 썼고 이것을 읽은 마스네가 오페라로 만들었다.

## 타이스(Thaïs)
## 초연 1894년 / 구성 2막

오페라 〈타이스〉는 성인군자로 추앙받는 수도사 아타나엘과 도시 전체를 타락시킬 만큼 대단한 무희 타이스의 만남을 다룬다.

오페라에서 에로티시즘을 전면에 내세우는 것은 쉽지 않다. 하지만 〈타이스〉는 에로티시즘에 도덕성을 대응시킴으로써 자칫 한쪽으로 치우칠 수 있는 분위기를 상쇄시켰으며 양쪽 모두를 강조하고 있다. 무엇보다 극 초반과 후반 남녀 주인공의 관념이 완전히 뒤바뀌는 변화의 과정을 보는 것이 이 작품의 백미다.

### 등장인물

타이스(Thaïs, 소프라노) : 남성의 도덕성을 함락시키는 팜므 파탈로 4세기경에 실존했다는 이집트의 무희다. 아타나엘을 만나면서 속죄한다.

아타나엘(Athanaël, 바리톤) : 수도사다. 타이스를 교화시키려고 한다.

니시아스(Nicias, 테너) : 부유한 남성으로 재산을 바쳐가면서까지 타이스를 만난다.

팔레몽(Palémon, 베이스) : 수도원의 우두머리로, 타이스를 찾아 떠나는 아타나엘에게 경고한다.

### 줄거리

이집트의 나일 강변에 있는 수도원. 수도사 아타나엘은 여행에서 돌아오는 길이다. 그는 타이스라는 음탕한 여인으로 인하여 한 도시가 타락했다는 사실을 알게 된다. 아타나엘은 꿈속에서 타이스가 요염한 춤을 추는 환상을 보게 되고, 잠에서 깨어나자 타이스를 하나님께로 이끌고자 다짐한다. 그런 아타나엘에게 수도원의 우두머리인 팔레몽은 위험을 경고하지만 아타나엘은 길을 떠난다.

알렉산드리아에 도착한 아타나엘은 지인 니시아스가 자신의 재산을 털어 타이스와 일주일간 연인으로 지내고 있다는 사실을 듣는다. 타이스와 마주한 아타나엘은 '당신을 교화시키겠다'고 하나 타이스는 이를 비웃는다.

자신만만한 타이스지만, 사실 그녀는 자신의 늙어가는 모습이 두렵기만 하다. 타이스의 집에 방문한 아타나엘은 타이스에게 하나님의 사랑을 가르친다. 아타나엘이 나간 후 타이스는 잠이 들고, 그녀에게 성령이 임한다. 눈을 뜬 타이스는 여전히 밖에서 기다리던 아타나엘에게 하나님을 따르겠다고 하고, 아타나엘은 그녀의 모든 재산을 불태우도록 명령한다.

이때 타이스는 니시아스로부터 받은 선물을 남겨두려 하는데, 아타나엘은 이를 허락하지 않는다. 늘 감정을 잘 다스렸던 아타나엘이 옛 동료를 질투했던 것이다.

죄 많은 육체를 정결하게 만들기 위하여 타이스는 고통스러운 여행을 시작한다. 타오르는 태양 아래 지친 타이스. 그녀의 헐어버린 발을 본 아타나엘은 물을 구하러 간다. 타이스는 그런 아타나엘을 보고 엄격하지만 자상한 분이라고 말하며 그가 가져온 물을 감사히 마신다.

마침내 수녀들이 타이스를 데려갈 때가 다다르자 아타나엘은 그녀를 놓고 싶지 않아 한다. 타이스에게 정욕과 애정을 느낀 그는 그녀와의 이별을 원치 않게 된 것이다.

아타나엘은 타이스가 그리운 나머지 폐인이 되어가고 팔레몽은 아타나엘을 꾸짖는다. 그런데 어딘가에서 타이스가 죽어간다는 소식이 들려온다. 타이스를 찾아온 아타나엘에게 수녀원장은 타이스가 육체의 건강은 잃었으나 죄를 씻고 깨끗한 영혼을 얻었다고 한다. 아타나엘을 본 타이스는, 하나님의 부르심을 받게 되었음을 선포한다. 그러나 아타나엘에게 이미 신앙은 아무런 쓸모없는 것이 되어버린 상태다. 그는 천국을 갈망하는 타이스에게 오히려 천국이 없으며 지상에서 사랑해야 한다고 외친다. 그러나 아타나엘의 부르짖음에도 불구하고 타이스는 숨을 거둔다.

## 음악

타이스가 거울을 보며 부르는 '아름답다고 말해 주세요'는 2막에서 들을 수 있는 노래다. 일명 '거울의 노래'라고도 알려진 이 노래는 자신이 늙어가는 것을 보고 두려워하는 코르티잔의 심경을 담은 노래다. 하지만 〈타이스〉를 유명하게 만든 곡은 따로 있으니, 바로 2막 1장 후반에 흘러나오는 '명상곡(Meditation)'이다. 이 명상곡은 화려하고 타락한 삶을 살아온 타이스가 새로운 사람으로 다시 태어나기를 갈망하는 내면의 갈등을 형상화한 곡이다.

## 스펙터클

타이스가 잠든 후 흘러나오는 명상곡은 연출가들이 상상의 나래를 펼칠 수 있는 좋은 부분이다. 긴 명상을 계기로 타이스가 변화하는 이 장면이야말로 이 오페라에서 가장 중요한 전환점이다.

2002년 라 페니체 오페라, 말리브란 실황에서는 나체에 가까운 무용수가 나와서 춤을 춘다. 타이스 역의 에바 메이(Eva Mei)는 천사처럼 잠들어 있다. 에바 메이는 열창을 하던 중 한쪽 가슴을 노출하는데, 이것은 세속적인 욕망에서 벗어나 순수를 찾아 회귀하고자 하는 타이스의 열망을 상징하는 것으로 해석할 수 있다. 음탕한 무희라고 인식되던 타이스가 세속의 껍질을 벗어던짐으로써 도리어 성스러워지는 장면이다.

**체크 포인트**

• 마스네가 이 오페라에서 중요하다고 강조한 가치에 대해서는 의견이 분분하다. 성결인가? 육욕인가? 타이스는 육체로 범했던 죄를 씻고자 고행을 선택하고 죽는다. 하지만 하나님의 부르심을 받고 눈을 감기에 그녀의 죽음은 숭고한 가치를 지닌다. 반면, 아타나엘은 도덕적으로 어긋남 없고 하나님 앞에 정결한 삶을 살아왔으나, 타이스에 대한 감정을 제어하지 못하여 그간의 가치관이 흔들리고 급기야 천국을 부정하는 죄를 짓는다. 아타나엘은 수도사였기에 천국을 부정하는 것은 엄연한 죄다. 그는 기독교 신앙을 뒤엎는 선언을 한 것이다.

• 〈마농〉에서 코르티잔의 비극적인 삶을 그렸던 마스네는 〈타이스〉에서 '마농'과 전혀 다른 유형의 팜므파탈을 그렸다. 죄인으로 평생을 살다가 죄인으로 죽기보다 한때 죄인이었지만 신앙을 통해서 죄를 씻고 숭고한 죽음을 맞는 여성 타이스를 통하여, 마스네는 삶의 중요한 가치를 전해주고자 했다. 창녀로 살았지만 성녀로 삶을 마치는 타이스는 바람직한 여주인공의 이미지라고 할 수 있다.

## 추천 영상물

많은 애호가들이 뽑은 〈타이스〉 판본 중 하나는 일명 '빨간 타이스'로 불리는 2002년 라 페니체 오페라 실황이다. 이 판본에서는 에바 메이가 타이스를, 미켈레 페르투시(Michele Pertusi)가 아타나엘을 맡았다. 명상곡에 출연하는 무용수의 춤과 회개한 타이스의 앞가슴 노출이 백미다. 붉은색 배경 위에서 펼쳐지는 주요 장면들은 강렬한 흡인력을 지닌다.

다른 하나는 2008년 토리노 레조 극장 실황이다. 바르바라 프리톨리(Barbara Frittoli)가 타이스를, 라도 아타넬리(Lado Ataneli)가 아타나엘을 맡았다. 이 판본의 특징은 엄청난 규모와 웅장함이다. 하지만 '빨간 타이스'와는 달리 다소 난해하다는 평을 받고 있는데, 그것은 아마도 이 영상물이 상징적인 연출을 많이 가미했기 때문일 것이다. 직설적인 느낌과 명료한 의미 전달이 매력이었던 '빨간 타이스'를 떠올린다면, 장엄한 연출의 2008년 판본이 어렵게 느껴질 수도 있다. 그러나 압도적인 규모와 세련된 무대 연출로 관객의 반응은 폭발적이었다. 이 영상물은 스테파노 포다(Stefano Poda)가 연출을 맡았는데, 그는 엄청난 물량의 무대 장치와 인원, 잦은 무대 변환으로 시각적 충격을 주는 연출을 선보이는 것으로 유명하다. 섬세한 연기력과 집중력을 원한다면 2002년 판 '빨간 타이스'를, 포다의 연출 색채를 좋아한다면 2008년 판본을 권한다.

# 인간과 요정의 슬픈 사랑, 드보르자크의 〈루살카〉

오페라 〈루살카〉는 인간을 사랑한 물의 요정 루살카의 슬픈 사랑 이야기다. 〈루살카〉는 '인어공주'의 스토리와 흡사하다. 그러나 행복한 결말을 맞이하는 디즈니 판 〈인어공주(The little Mermaid)〉보다 슬픈 결말을 맞이하는 안데르센의 『인어공주』에 가깝다.

오페라 〈루살카〉의 기원이 되는 설화는 북유럽의 산림지에서 내려오는 민화다. 물의 요정에 관한 설화는 푸케(Friedrich de la Motte Fouqué)의 『운디네(Undine)』와 같은 작품으로 만들어졌었는데, 『운디네』 역시 출간되자마자 오페라로 개작되기도 했다.

사랑하는 남녀를 등장시키는 오페라에서 남녀 주인공이 듀엣으로 부르는 아리아가 종종 등장한다. 하지만 〈루살카〉는 그렇지 않다. 대신 아름답고 서정적인 선율의 아리아들이 있으며, 3막에서 이중창을 부른다. 왜일까? 그것은 그녀가 인간 왕자를 사랑하고 인간이 되는 대신 말하는 능력을 잃기 때문이다. 이는 〈인어공주〉와 같은 전개다.

### 루살카(Rusalka)
### 초연 1901년 / 구성 3막

드보르자크(Antonín Dvořák, 1841~1904)는 경제적으로 여유가 없는 집안 출신이었다. 하지만 그의 음악적 재능은 특출해서 그의 아버지는 어려운 환경에도 아들의 음악에 대한 열정을 이해해주었다. 그 결과 드보르자크는 브람스(Johannes Brahms)의 귀를 사로잡게 된다.

드보르자크는 전 세계적으로 많은 팬을 거느리고 있었지만, 정작 체코 자국인들 사이에서는 스메타나(Berdrich Smetana)의 팬들로 인해 늘 의견이 분분했다. 민족적 색채를 중심에 둔 스메타나와 민족적 요소를 보편적 선율에 융해시키는 드보르자크의 음악은 달랐기 때문이다. 그럼에도 브람스의 호평으로 인하여 드보르자크는 음악계에서 명성을 쌓기 시작했고, 케임

브리지 대학에서 박사학위를 받는다. 그 후에는 미국 뉴욕의 국립음악원 원장 자리에까지 오른다. 그의 오페라 〈루살카〉를 가만히 들어보면 이탈리아나 프랑스의 오페라와는 다른 느낌을 받을 수 있는데, 이는 슬라브적 요소 때문이다. 〈루살카〉에서는 물의 요정들이 살아 움직이는 것처럼 착각할만한 음악이 많아서 환상적인 동화 속 세계로 관객들을 인도한다.

### 등장인물

루살카(Rusalka, 소프라노) : 물의 요정, 정확히는 호수의 요정이다.

물 도깨비(Vodnik, 베이스) : 요정들의 아버지다.

예치바바(Ježibaba, 메조소프라노) : 여러 가지 약물을 제조하는 마녀다.

왕자(The prince, 테너) : 루살카가 사랑하는 남자다.

### 줄거리

호수에서 수영하던 왕자에게 반한 요정 루살카는 거품으로 변해 그를 껴안았다고 물 도깨비에게 고백한다. 물 도깨비는 루살카에게 마녀 예치바바를 찾아갈 것을 권한다. 루살카는 홀로 남아 달에게 노래한다. 자신의 연인에게 달빛이 비치기를 바라면서. 마녀 예치바바를 찾아간 루살카는 인간이 되고 싶은 이유를 털어놓고 예치바바는 마법의 약을 준다.

왕자는 호숫가에서 루살카를 발견하고 그녀의 아름다움에 넋을 잃는다. 그리고 그녀를 궁전으로 데리고 간다. 왕자가 말 못하는 여인(루살카)에게 반했다는 소문이 돌고, 왕자의 마음을 돌리기 위해 외국 공주가 등장한다. 루살카는 외국 공주에게 구애하는 왕자를 보고 상심한다. 예치바바는 호숫가에 있는 슬픈 루살카에게 왕자를 죽일 것을 권하면서 단검을 주지만, 루살카는 왕자를 사랑하기 때문에 단검을 던져버린다. 화가 난 예치바바는 물속으로 들어가 버리고 루살카를 염려하던 물의 요정 자매들 역시 그녀에게서 등을 돌린다.

한편, 외국 공주에게 흔들렸던 왕자는 루살카를 다시 찾게 된다. 루살카와 재회한 왕자는 그녀에게 키스하려고 한다. 하지만 루살카와의 키스는 왕자를 죽음에 이르게 할 수도 있는 것이었다. 죽음을 개의치 않는 왕자. 루살카는 왕자에게 입맞춤을 건네고 왕자는 루살카의 품에서 죽는다. 루살카는 호수 속 죽음의 영토로 모습을 감춘다.

음악

1막 '달에게 보내는 노래'는 〈루살카〉를 관통하는 의미를 담은 노래다. "사랑하는 이를 보면 나의 사랑을 전해달라"고 달에게 부탁하는 루살카의 순수한 열정은 담은 노래다.

'루살카'는 물의 요정이다. 클래식 공연에서는 요정이 많이 등장하는데, 요정의 종류에 대해서 알아둘 필요가 있다. 오페라뿐 아니라 발레 등 다른 장르의 클래식 공연을 감상할 때도 도움이 되기 때문이다

### 숲의 요정 빌리

빌리(Willi)는 결혼할 사람에게 배신당하는 등 좋지 않은 이유로 한을 품고 죽은 일종의 처녀 귀신이다. 빌리는 주로 여럿이 어울려 다니며, 맏언니 격인 우두머리의 말에 절대복종한다. 빌리들은 남자를 유혹해서 숲으로 끌고들어온 뒤 계속해서 춤을 추게 하는데, 남자가 지쳐갈 즈음 또 다른 빌리가 그와 춤추거나 여러 빌리들과 한꺼번에 춤추기도 한다. 이렇게 춤을 추다가 모든 에너지를 빼앗기면 남자는 목숨을 잃게 된다. 물론, 빌리에게 유혹당하더라도 정신을 잃지 않고 새벽까지 깨어 있다면 목숨을 건질 수도 있다. 빌리들의 가장 큰 특징이 '춤'이니만큼, 발레에 아주 적합한 소재가 된다. 그 예로, 발레 〈지젤(Giselle)〉에서 빌리들의 춤을 추는 발레블랑(ballet blanc)[7]의 명장면을 볼 수 있다. 빌리가 궁금하다면 발레 〈지젤〉을 관람하는 것을 권한다.

물의 요정 운디네

'루살카' 같은 물의 요정 운디네(Undine 또는 Ondine)는 인간을 사랑하는 것으로 유명하다. 그러나 운디네와 사랑할 경우, 물가에서 운디네에 대한 험담을 해서는 안 된다. 이를 어기면, 운디네는 물속으로 들어가서 다시는 나올 수 없기 때문이다.

공기의 요정 실피드

실피드(Sylphide)는 '공기의 요정'으로 인간의 손으로는 잡기 어렵다. 때문에 실피드와 인간이 사랑에 빠진다면, 그 사랑은 비극이 될 확률이 높다.

그런가 하면 〈니벨룽의 반지〉처럼 신, 반인반신, 거인족 등 초현실적 존재들이 여럿 출연하는 작품도 있다. 오페라의 세계는 정말로 무궁무진하고 한계가 없어서 보면 볼수록, 들으면 들을수록 매력을 느끼게 된다. 오페라 속에서 그동안 상상해왔던 신화적 존재들과 영웅들을 만나보길 권한다.

**추천 영상물**

〈루살카〉는 아름다운 선율의 아리아로 유명하다. 달빛을 보는 듯 푸른 조명이 비추는 호수도 아름답다. 주인공인 루살카가 호수의 요정이니만큼, 무대 연출에 각별히 신경을 써야

하는 작품이기도 하다. 무대에 '물'을 올려야 하기 때문이다.

추천 영상물은 2002년 파리 오페라 실황이다. 이 판본이 가장 높게 평가받고 있는데, 미국의 소프라노 르네 플레밍(Renee Fleming)이 루살카를 맡았다. 현대적인 요소를 가미한 연출법도 눈여겨볼 만 하다. 르네 플레밍의 '달에게 보내는 노래'를 꼭 한번 들어보길 권한다.

# 나비가 전해주는 슬픈 사랑의 날갯짓, 푸치니의 〈나비부인〉

오페라 〈나비부인〉의 역사는 롱(John Luther Long)이라는 미국 소설가의 작품에서 시작된다. 롱은 선교활동으로 일본에 살던 여동생으로부터 전해 들은 실화를 바탕으로 소설을 썼다고 한다. 롱의 소설은 벨라스코(David Belasco)의 손에 의해 희곡으로 탈바꿈되고, 이 연극을 관람한 푸치니에 의해 오페라 〈나비부인〉으로 재탄생했다.

## 나비부인(Madama Butterfly)
## 초연 1904년 / 구성 3막

푸치니가 오페라 〈나비부인〉을 만들 당시, 그는 아름다운 음악과 이국적 정서 그리고 화려한 볼거리로 치장한 이 오페라가 서구인들의 시선을 사로잡아 흥행에 성공할 거라고 확신했다. 그러나 예상을 뒤엎고 초연은 흥행에 실패했다. 관객은 길이가 길었던 2막을 지루하게 느꼈던 것이다. 그러자 푸치니는 2막을 둘로 나누고 음악에도 변화를 준다. 그런 융통성 때문이었을까? 이후 〈나비부인〉은 〈라 보엠〉 〈토스카(La Tosca)〉와 함께 푸치니의 3대 오페라라고 불리며 현재까지도 사랑받는 명작 오페라가 되었다.

### 등장인물

나비부인(쵸쵸 상, Cio Cio San, 소프라노) : 15세의 은퇴 게이샤. 미군 장교 핑커튼과 결혼을 앞두고 있다.

핑커튼(Pinkerton, Lieutenant of U. S. Navy, 테너) : 미국의 해군 장교다. 주둔지였던 나가사키에 머무르는 동안 나비부인과 지낼 생각으로 그녀와 결혼한다.

스즈키(Suzuki, 메조소프라노) : 나비부인의 하녀로, 진심으로 나비부인을 섬긴다.

고로(Goro, 테너) : 일본인 중매쟁이다.

**줄거리**

일본의 나가사키 항. 미국의 해군 장교인 핑커튼은 일본인 게이샤 나비부인과 결혼하기로 한다.[8]

나비부인은 불과 15세였지만 게이샤를 그만둬야 하는 상황이다.[9] 나비부인은 비록 나이는 어렸지만, 나이와는 달리 진지한 여성이다. 핑커튼과의 결혼은 그녀에게 숭고한 의식이며, 평생을 모시고 살 남편을 받아들이는 행위다. 그렇기 때문에 나비부인은 핑커튼과의 결혼을 위해서 종교를 바꾸기도 한다. 그러나 핑커튼은 나비부인을 단지 주둔 중에 함께 살 여자로만 인식하고 있을 뿐이다. 결국 주둔을 마친 핑커튼은 본국으로 떠나 케이트(Kate)라는 여성과 정식으로 결혼식을 올린다.

핑커튼이 떠난 3년의 시간 동안 나비부인은 혼자서 핑커튼의 아이를 낳아 몰래 기르며 그를 기다린다. 그녀는 나가사키의 항구에 드나드는 모든 배를 확인하기도 하고, 그녀를 중매하려는 자들을 외면하기도 한다.

그러던 어느 날, 핑커튼이 나가사키로 돌아온다. 멀리서 핑커튼이 탔을 배를 확인한 나비부인은 한없이 기쁘다. 하지만 핑커튼의 방문 목적은 나비부인의 예상과는 전혀 달랐다. 그는 나비부인이 키우던 자신의 아들을 데리러 왔던 것이다. 사실을 알게 된 나비부인은 아들에게 작별인사를 한 뒤 자결한다. 이렇게 〈나비부인〉은 극단적인 비극으로 치닫는 내용을 담고 있다.

## 음악

〈나비부인〉에서 유명한 곡은 2막의 '어느 개인 날'이다. 나비부인은 3년이 지나도록 오지 않는 핑커튼을 하염없이 기다린다. 그녀는 언젠가 핑커튼이 자신을 찾아올 것이라고 믿으면서 스스로를 단련시키는 가사를 담아 노래한다. 아름답지만 처절하고 가슴 저미는 슬픈 노래다.

특이하게도 이 작품에는 '허밍 코러스'라는 음악이 등장한다. 항구 노동자들의 애환을 담은 이 노래는 가사가 한 줄도 없지만, 쓸쓸함을 홀로 견뎌내는 나비부인의 심정을 대변하는 느낌이 있어서 더욱 애잔하게 다가온다.

## 스펙터클

〈나비부인〉의 필수 감상 장면은 바로 나비부인의 결혼 행렬과 나비부인의 자결 장면이다. 작품 초반에 나비부인의 결혼 행렬은 많은 연출가들이 가장 신경 쓰는 부분이기도 하다. 결혼 행렬이 얼마나 화려하고 이국적인 색채가 강하게 드러나느냐에 따라 관객의 몰입도가 달라진다. 나비부인의 자결이 가까워질수록 슬픔과 동시에 비극적 결말에 대한 긴장도 역시 높아진다.

나비부인과 핑커튼 사이에서 태어난 아이는 대부분 섭외나 오디션을 통해서 선발된 아이들이 무대에 오르곤 한다. 그러나 지금은 작고한 앤서니 밍겔라(Anthony Minghella) 감독이 연출한 2007년 메트로폴리탄 오페라판 〈나비부인〉은 색다른 기법을 사용했다. 일본 전통 인형극 분라쿠(bunraku) 기법을 차용하여 인형사들이 직접 인형을 들고 연기하여 센세이션을 불러일으켰다.

최고의 하이라이트는 나비부인의 자결 장면이다. 자결 장면은 슬픔과 동시에 카타르시스를 느낄 수 있어야 한다. 플라시도 도밍고가 핑커튼을 열연한 1974년 영화판 〈나비부인〉에서는 나비부인의 자결을 알게 된 핑커튼이 혼비백산해서 뛰어 나간다. 이 장면을 보면 핑커튼에 대한 분노 섞인 적개심과 더불어 설명하기 어려운 동정심이 동시에 생기는데, 이러한 이중적 효과가 잘 드러나야 수준 높은 연출이다.

체크 포인트

• 푸치니가 이 작품을 쓰던 시절 유럽에서는 일본 문화가 유행했다. 당시의 유행 문화는 여러 명화에도 나타난다. 에두

아르 마네(Edouard Manet)의 작품 '에밀 졸라의 초상(Portrait d' Emile Zola)'을 살펴보면 쉽게 이해할 수 있다. 푸치니도 그러한 바람에 편승했던 것으로 생각된다. 오페라 〈나비부인〉은 후세의 예술가들에게도 영향을 미치게 된다.

• 나가사키는 일본의 개항과 동시에 가장 먼저 서구문물을 받아들인 곳이다. 현재도 나가사키는 하우스텐보스(Huis Ten Bosch) 등 서구적 느낌이 물씬 풍기는 관광지로 유명하다. 그러나 갑작스레 서구인들과 서구 문화가 들어오다 보니 여러 사회문제가 발생했던 곳이기도 하다. 나비부인과 핑커튼의 결혼도 그런 사회 문제 중 하나라고 해석할 수 있다. 작품상에서 핑커튼은 나비부인을 아주 싼 값에 데려온다. 아내라는 것은 명목일 뿐, 나비부인은 일정 기간 핑커튼의 외로움을 달래줄 하나의 성적인 도구에 지나지 않는다. 이것은 문화적으로, 인종적으로, 성차별적으로 상대방을 다르게 인식하기에 일어나는 결과다. 즉, 핑커튼이 치르는 몇 푼 안 되는 돈은, 나비부인의 입장에서는 중매에 대한 소개비 또는 수고비로 인식할 수 있다. 그러나 핑커튼의 입장에서는 그녀를 헐값에 '구매'한 것이다.

• 〈나비부인〉이 세계적으로 손꼽히는 걸작 오페라로 인식되고 있으면서도 질타를 면하기 어려운 것은 '고정 관념을 지닌 서구인의 시각으로 동양을 묘사했기 때문'이다. 오페라 상

에서 나비부인은 극순종형 동양 여성을 표현하고 있기 때문에 페미니스트적 시각에서 볼 때에는 혹평을 피하기 어렵다. 핑커튼이 나비부인을 바라보는 관점은 오리엔탈리즘에서 비롯된 일종의 대상화라고 할 수 있다. 그렇기에 핑커튼 역시 비판으로부터 자유로울 수 없다. 때문에 이 작품을 두고 종종 '작품의 예술성은 사랑하지만, 작품의 내용에는 공감할 수 없다'는 의견이 나온다. 푸치니가 동양에 대한 무지를 드러냈다는 의견도 있다. 하지만 푸치니가 그 정도 식견이 없이 이런 작품을 썼을까? 그런 시각에서 바라본다면, 비판으로부터 살아남을 내용을 가진 오페라가 몇 작품이나 되겠는가? 〈나비부인〉 속에는 나비부인의 극순종성이 드러난 만큼이나 핑커튼의 제국주의적 시각과 무책임함도 드러나 있다. 결국, 어느 한쪽의 우월함이나 다른 한쪽의 열등함을 보여주기 위한 창작은 아닌 것이다.

• 중국계 미국인 극작가 데이비드 헨리 황(David Henry Hwang)은 희곡 〈M. 나비(M. Butterfly)〉에서는 〈나비부인〉을 전면적으로 뒤집는 세계관을 보여준다. 〈나비부인〉의 내용이 실제 사건에 바탕을 두고 있던 것처럼, 〈M. 나비〉 역시 1986년 5월 「뉴욕 타임스」에 실렸던 프랑스에서 일어난 실제 사건을 다룬다. 황의 희곡 〈M. 나비〉의 'M'은 '므슈(monsieur)'를 의미하나, 모호성을 살리기 위해 축약형 'M.'으로 표기한 것이다.

내용은 이렇다.

프랑스의 외교관 갈리마르(Rene Gallimard)는 오페라 〈나비부인〉을 관람하다가 나비부인 역을 맡은 중국인 오페라 가수 송(Song Liling)을 사랑하게 된다. 그러나 송은 사실 중국 공산당의 스파이였다. 송은 작품 속에서 일본에 대한 반감을 직접 드러내기도 하고, 동양에 대한 서구인들의 고정관념을 질타하기도 한다. 황은 작품 속 캐릭터들을 이용하여 '복장 전환(transvestism)' 기법을 실현하고 이를 통해서 〈나비부인〉에 대한 해체 작업을 실행한다. 송에게 완전히 반한 갈리마르 덕분에 송은 스파이 생활을 성공적으로 수행한다. 결국 갈리마르는 체포되는데, 놀라운 사실이 드러난다. 갈리마르가 푹 빠졌던 송은 남성이었던 것이다. 그러나 송이 남자라는 것이 확인된 후에도 갈리마르는 그가 남자라는 사실을 인정하지 않는다.

충격적인 내용을 담고 있는 황의 〈M. 나비〉는 오페라 〈나비부인〉 속에 등장하는 '순종적 동양인'이라는 서구인들의 가치관을 통렬히 비판한다. 이 작품으로 황은 토니 상(Tony Awards)과 드라마 데스크 상(Drama Desk Awards) 등을 수상하면서 부와 명예를 얻는다. 세계 4대 뮤지컬로 불리는 〈미스 사이공(Miss Saigon)〉 역시 〈나비부인〉의 현대적 해석임을 밝히고 있다. 이 두 작품을 오페라 〈나비부인〉의 연장선상에 두고 본다면 흥미로울 것이다.

• 나비부인은 1막과 2막에서 전혀 다른 감성의, 전혀 다른 여인으로 변한다. 즉, 1막에서는 꿈에 부푼 15세 소녀지만, 3년이 흐른 2막에서는 모진 시련을 겪은 비련의 여인이 되어 버린다. 따라서 뛰어난 연기력과 다양한 색채를 소화할 수 있는 소프라노가 필요한 작품이기도 하다.

### 추천 영상물

1974년에 출시된 영화판 〈나비부인〉에서는 미렐라 프레니(Mirella Freni)가 나비부인 역을 맡았다. 핑커튼 역은 플라시도 도밍고가 맡았는데, 영화판인 만큼 사실적인 묘사와 두 가수의 연기가 돋보이는 수작이다.

2004년 판 토레 델 라고 푸치니 페스티벌 실황도 손에 꼽을 작품인데, 재미있는 것은 30년 전 핑커튼 역을 맡았던 도밍고가 지휘자로 참여했다는 것이다. 이 영상물에서는 다니엘라 데시(Daniela Dessi)가 나비부인을, 파비오 아르밀리아토(Fabio Armiliato)가 핑커튼을 맡았다. 두 가수는 부부기도 하다.

가장 수준 높은 연출을 보여준 것은 2007년 판본이다. 작고한 앤서니 밍겔라 감독이 연출한 2007년 메트로폴리탄 오페라판에서 패트리샤 라시트(Patricia Racette)가 나비부인을, 마르첼로 지오르다니(Marcello Giordani)가 핑커튼을 열연했다. 이 작품은 분라쿠, 가부키, 그림자극 등 연극적 기법을 사용하여 나비부인의 배경인 일본의 색채를 부각시켰다. 밍겔라의 〈나비부인〉은 그와 친분이 있는 유명 할리우드 스타들이 대거 관람해 더욱 명성이 높아졌으며, 정기공연으로 자리 잡게 된다. 지금도 〈나비부인〉은 밍겔라 감독의 무대 연출 중 가장 성공적인 케이스로 남아 있다.

# 오페라의 현재와 미래

　오페라 한편을 제대로 알고 있다는 것은, 그 오페라를 만든 사람들이 살던 시기의 사회와 문화, 예술, 오페라의 배경이 되는 시대와 인물들의 생활상, 나아가 역사, 신화, 경제, 문학마저도 알게 된다는 것을 의미한다. 때문에 오페라는 특정 연령층이나 전공분야에 관계없이 감상자에게 도움을 줄 것이다.

　최근 필자가 몸담은 대학의 교양과목에 오페라 강의가 채택되었다. 학생 중에는 오페라에 대해 애정이 있는 이들도 있을 것이고 오페라를 알기 위해 노력하는 이들도 있을 것이다. 학점을 채우기 위해 강의를 듣는 학생도 배우다 보면 애정을 가질 수 있다. 이런 이유로 오페라에 대한 강의가 활발히 이루어져야 한다. 미래의 예술 애호가들을 키워내는 작업이기 때문이다.

오페라를 통해 감상자들이 공통으로 얻을 수 있는 이득이 있다. 바로 '영혼의 휴식'이다. 공연장에는 관객의 사정에 맞는 저렴한 좌석이 준비되어 있다. 관람 전, 작품에 대한 사전 지식을 얻는 것이 어려운 세상도 아니다. 필자가 이 책을 쓴 의도 역시 오페라에 대한 쉬운 접근을 돕기 위함이다. 편안한 마음으로 나를 위한 시간, 잠시나마 나의 영혼에 안식을 주기 위한 시간을 오페라와 함께 해보는 것도 좋은 경험일 것이다. 부디 이 책이 작으나마 도움이 되기를 바라며 글을 마무리한다.

# 주

1) 그리스로마 신화에 나오는 신들과 인간들의 이름은 그리스어, 로마어, 영어 등의 다양한 언어마다 신들과 인간들의 이름이 조금씩 달라진다. 오르페우스는 '오르페오' '오르피', 에우리디케는 '에우리디체' '유리디체', 아폴론은 '아폴로', 하데스는 '플루톤' '플루토네'로 불린다. 하데스와 플루톤은 다른 급의 신이라는 학설도 있다. 이 책에서는 신화 속 인물들과 작품 속 인물들의 명칭을 구분한다.

2) 모노디는 '단성 선율'을 의미한다. 다성 선율을 지양했던 바로크 초기의 음악 양식으로, 특히 신화적 소재를 담을 때 정확한 대사 전달에 도움이 되었다.

3) 프리메이슨은 18세기 초 영국에서 시작된 인도주의적 단체로 알려졌다. 세계 시민주의를 표방하기도 하며 세계적으로 잘 알려진 인사들과 인재들이 가입되어 있다. 하지만 비밀스러운 단체기 때문에 다양한 의구심을 낳기도 했다. 영화나 소설 등 여러 예술 매체를 통해 다양하게 창작되기도 한다.

4) 'Lammermoor'는 람메르무어, 램머무어(영어식), 람메르모르(이탈리아어식) 등의 발음으로 읽힌다. 하지만 이 책에서는 한국에서 가장 흔하게 사용하는 '람메르무어'로 통칭한다.

5) 뒤마 피스는 『철가면(Iron Mask)』 『삼총사(The Three Musketeers)』의 작가 알렉상드르 뒤마(Alexandre Dumas)의 서자다.

6) 국내에도 『카멜리아의 여인(Lady of the Camellias)』 『춘희』 『라 트라비아타』 등 여러 제목의 소설로 소개되었다.

7) 발레 블랑(ballet blanc)은 '백색 발레' '하얀 발레'를 말하며, 다수의 발레리나들이 흰 의상을 입고 나와 추는 군무를 의미한다. 환상적이고 몽환적인 분위기를 연출하는 데 많이 쓰인다.

8) 여주인공 나비부인을 부르는 명칭은 일본식 이름 '쵸쵸 상', 애칭 '버터플라이', 제목을 살린 '나비부인' 등이 있다. 이 책에서는 '나비부인'으로 칭한다. 나비부인은 한문으로 나비 접(蝶)자 두 개를 붙여 '蝶蝶'이라고 표기된다.

9) 나비부인의 나이에 대해서는 '게이샤의 연령대가 상당히 낮았기에 15세에 퇴기가 된 것'이라는 의견과 '나비부인이 결혼을 하기 위해 게이샤를 그만둔 것'이라는 의견이 있다.

# 수프림 오페라

| | |
|---|---|
| 펴낸날 | 초판 1쇄 2014년 12월 29일 |

| | |
|---|---|
| 지은이 | 김도윤 |
| 펴낸이 | 심만수 |
| 펴낸곳 | (주)살림출판사 |
| 출판등록 | 1989년 11월 1일 제9-210호 |

| | |
|---|---|
| 주소 | 경기도 파주시 광인사길 30 |
| 전화 | 031-955-1350  팩스 031-624-1356 |
| 기획·편집 | 031-955-4671 |
| 홈페이지 | http://www.sallimbooks.com |
| 이메일 | book@sallimbooks.com |

| | |
|---|---|
| ISBN | 978-89-522-3047-8  04080 |

※ 값은 뒤표지에 있습니다.
※ 잘못 만들어진 책은 구입하신 서점에서 바꾸어 드립니다.

이 도서의 국립중앙도서관 출판시도서목록(CIP)은 서지정보유통지원시스템 홈페이지
(http://seoji.nl.go.kr)와 국가자료공동목록시스템(http://www.nl.go.kr/kolisnet)에서
이용하실 수 있습니다.(CIP제어번호: CIP2014037259)

| | |
|---|---|
| 책임편집 | **박종훈** |

## 054 재즈　eBook

최규용(재즈평론가)

즉흥연주의 대명사, 재즈의 종류와 그 변천사를 한눈에 알 수 있도록 소개한 책. 재즈만이 가지고 있는 매력과 음악을 소개한다. 특히 초기부터 현재까지 재즈의 사조에 따라 변화한 즉흥연주를 중심으로 풍부한 비유를 동원하여 서술했기 때문에 재즈의 역사와 다양한 사조의 특징을 쉽게 이해할 수 있다.

## 255 비틀스　eBook

고영탁(대중음악평론가)

음악 하나로 세상을 정복한 불세출의 록 밴드. 20세기에 가장 큰 충격과 영향을 준 스타 중의 스타! 비틀스는 사람들에게 꿈을 주었고, 많은 젊은이들의 인생을 바꾸었다. 그래서인지 해체한 지 40년이 넘은 지금도 그들은 지구촌 음악팬들의 많은 사랑을 받고 있다. 비틀스의 성장과 발전 모습은 어떠했나? 또 그러한 변동과정은 비틀스 자신들에게 어떤 의미였나?

## 422 롤링 스톤즈　eBook

김기범(영상 및 정보 기술원)

전설의 록 밴드 '롤링 스톤즈'. 그들의 몸짓 하나하나는 우리가 생각하는 것보다 훨씬 더 탁월한 수준의 음악적 깊이, 전통과 핵심에 충실하려고 애쓴 몸부림의 흔적들이 존재한다. 저자는 '롤링 스톤즈'가 50년 동안 추구해 온 '진짜'의 실체에 다가가기 위해 애쓴다. 결성 50주년을 맞은 지금도 구르기(rolling)를 계속하게 하는 힘. 이 책은 그 '힘'에 관한 이야기다.

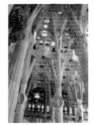

## 127 안토니 가우디 아름다움을 건축한 수도사　eBook

손세관(중앙대 건축공학과 교수)

스페인의 세계적인 건축가 가우디의 삶과 건축세계를 소개하는 책. 어느 양식에도 속할 수 없는 독특한 건축세계를 구축하고 자연과 너무나 닮아 있는 건축가 가우디. 이 책은 우리에게 건축물의 설계가 아닌, 아름다움 자체를 건축한 한 명의 수도자를 만나게 해준다.

## 131 안도 다다오 건축의 누드작가

임재진(홍익대 건축공학과 교수)

일본이 낳은 불세출의 건축가 안도 다다오! 프로복서와 고졸학력, 독학으로 최고의 건축가 반열에 오른 그의 삶과 건축, 건축철학에 대해 다뤘다. 미를 창조하는 시인, 인간을 감동시키는 휴머니즘, 동양사상과 서양사상의 가치를 조화롭게 빚어낼 줄 아는 건축가 등 그를 따라다니는 수식어의 연원을 밝혀 본다.

## 207 한옥

박명덕(동양공전 건축학과 교수)

한옥의 효율성과 과학성을 면밀히 연구하고 있는 책. 한옥은 주위의 경관요소를 거르지 않는 곳에 짓되 그곳에서 나오는 재료를 사용하여 그곳의 지세에 맞도록 지었다. 저자는 한옥에서 대들보나 서까래를 쓸 때에도 인공을 가하지 않는 재료를 사용하여 언뜻 보기에는 완결미가 부족한 듯하지만 실제는 그 이상의 치밀함이 들어 있다고 말한다.

## 114 그리스 미술 이야기

노성두(이화여대 책임연구원)

서양 미술의 기원을 추적하다 보면 반드시 도달하게 되는 출발점인 그리스의 미술. 이 책은 바로 우리 시대의 탁월한 이야기꾼인 미술사학자 노성두가 그리스 미술에 얽힌 다양한 이야기를 재미있게 풀어놓은 이야기보따리이다. 미술의 사회적 배경과 이론적 뿌리를 더듬어 감상과 해석의 실마리에 접근하는 또 다른 시각을 제공하는 책.

## 382 이슬람 예술

전완경(부산외대 아랍어과 교수)

이슬람 예술은 중국을 제외하고 가장 긴 역사를 지닌 전 세계에 가장 널리 분포된 예술이 세계적인 예술이다. 이 책은 이슬람 예술을 장르별, 시대별로 다룬 입문서로 이슬람 문명의 기반이 된 페르시아 · 지중해 · 인도 · 중국 등의 문명과 이슬람교가 융합하여 미술, 건축, 음악이라는 분야에서 어떻게 표현되었는지 설명한다.

### 417 20세기의 위대한 지휘자 `eBook`

김문경(변리사)

뜨거운 삶과 음악을 동시에 끌어안았던 위대한 지휘자들 중 스무 명을 엄선해 그들의 음악관과 스타일, 성장과정을 재조명한 책. 전문 음악칼럼니스트인 저자의 추천음반이 함께 수록되어 있어 클래식 길잡이로서의 역할도 톡톡히 한다. 특히 각 지휘자들의 감각 있고 개성 있는 해석 스타일을 묘사한 부분은 이 책의 백미다.

### 164 영화음악 불멸의 사운드트랙 이야기 `eBook`

박신영(프리랜서 작가)

영화음악 감상에 필요한 기초 지식, 불멸의 영화음악, 자신만의 세계를 인정받는 영화음악인들에 대한 이야기를 담았다. 〈시네마천국〉〈사운드 오브 뮤직〉 같은 고전은 물론, 〈아멜리에〉〈봄날은 간다〉〈카우보이 비밥〉 등 숨겨진 보석 같은 영화음악도 소개한다. 조성우, 엔니오 모리꼬네, 대니 앨프먼 등 거장들의 음악세계도 엿볼 수 있다.

### 440 발레 `eBook`

김도윤(프리랜서 통번역가)

〈로미오와 줄리엣〉과 〈잠자는 숲속의 미녀〉는 발레 무대에 흔히 오르는 작품 중 하나다. 그런데 왜 '발레'라는 장르만 생소하게 느껴지는 것일까? 저자는 그 배경에 '고급예술'이라는 오해, 난해한 공연 장르라는 선입견이 존재한다고 지적한다. 저자는 일단 발레라는 예술 장르가 주는 감동의 깊이를 경험하기 위해 문 밖을 나서길 원한다.

### 194 미야자키 하야오 `eBook`

김윤아(건국대 강사)

미야자키 하야오의 최근 대표작을 통해 일본의 신화와 그 이면을 소개한 책. 〈원령공주〉〈센과 치히로의 행방불명〉〈하울의 움직이는 성〉이 사랑받은 이유는 이 작품들이 가장 보편적이면서도 가장 일본적인 신화이기 때문이다. 신화의 세계를 미야자키 하야오의 작품과 다양한 측면으로 연결시키면서 그의 작품세계의 특성을 밝힌다.

eBook 표시가 되어있는 도서는 전자책으로 구매가 가능합니다.

㈜살림출판사
www.sallimbooks.com
주소 경기도 파주시 문발동 522-1 | 전화 031-955-1350 | 팩스 031-955-1355